SHODENSHA
SHINSHO

治を作った密航者たち

田忠雄

祥伝社新書

はじめに

わたしたちはかつて日本史の授業で、江戸時代は徳川幕府の鎖国政策によって、外国との交流が厳しく制限されていたと教えられた。その鎖国の中味とは、交易の相手国をオランダと中国の二カ国に限定し、幕府の管理する長崎・出島でのみ取引が許されたということ、日本人が海外へ出ることも、海外から戻って来ることも禁じられ、これに背《そむ》く者は極刑に処せられるというものであった。

ところがわたしは平成二十五（二〇一三）年秋、旅行で訪れた長崎県対馬《つしま》で、図らずもこれまでの「江戸時代は鎖国」という認識を根底から覆《くつがえ》す史実があったことを知り、仰天《ぎょうてん》した。

それは同島の中心・厳原町《いづはらまち》にある対馬歴史民俗資料館の近世の展示コーナーで、一幅の彩色絵図を見た時のことである。「草梁倭館《そうりようわかん》」と題する黄味がかった縦長の、その絵図には、山の斜面を切り開いた土地に点在する大小の建物や、海側には専用の船着き場などが描かれていた。そして何より驚かされたのは、傍《かたわ》らの説明文に「江戸時代、対馬藩が朝鮮ていたことである。

半島南部の釜山《プサン》に設置した外交や貿易などをつかさどる出先機関を描いたもの」と記され

(まさか！　鎖国体制のもとで、国外に日本の出先機関が置かれていたとは、いったいどういうことなんだ！)

大いなる疑問を抱えて帰京すると、早速、草梁倭館について調べてみた。すると、その「出先機関」なるものは、江戸時代にわが国唯一の在外公館として存在したのは紛《まぎ》れもない事実であった。

同倭館は、対馬藩が幕府の許可を得て、延宝《えんぽう》六(一六七八)年、現韓国・釜山市の龍頭《ヨンドウ》山《サン》公園内に建設したもので、明治四(一八七一)年の廃藩置県まで約二〇〇年にわたって同藩が維持・管理した。ここでは幕府から委《ゆだ》ねられた李《リ》氏朝鮮との外交業務をはじめ、大陸情報の収集、藩営貿易、さらに医学や朝鮮語を習得する学徒の受け入れなどが行なわれ、対馬藩から派遣された藩士や商人などが常時四、五〇〇人、多い時には一〇〇〇人もが駐在したという。

同時に江戸時代の対外交易はここ対馬藩ばかりでなく、薩摩《さつま》藩（琉球《りゅうきゅう》経由での対中国）や松前《まつまえ》藩（蝦夷《えぞ》地でのアイヌを含む対北方民族）でも行なわれており、幕府直轄の長崎・出島を含め、これら四カ所の窓口を歴史学では「四口」とか「四つの口」と呼ぶということも知った。

このような事実を知るにつけ、かつて学んだ徳川幕府の「鎖国政策」とはいったい何だったのかと、首をひねらざるを得なかった。そんな折、たまたま目にとまったのが、「江戸時代は本当に鎖国か」という新聞記事（『朝日新聞』二〇〇八年三月十二日付）である。

そこには東アジアの国際関係研究の進展により、「『江戸幕府は鎖国政策をとっていた』と正面から主張する研究者はほとんどいなくなった」という歴史学者の話が紹介され、近年、研究者の間で「鎖国」という表現の使用を控える動きが主流になっているとあった。つまり対外歴史研究の見直しの結果、江戸時代の日本は、あたかも貝のごとくじっと殻に閉じこもり、外界との接触を断っていた〝閉ざされた国〟ではなかったということである。

また幕府がいかに日本人の海外交流に厳しい監視の目を光らせていようとも、周囲を海洋に囲まれている以上、水も漏《も》らさぬ鉄壁の管理などはできるはずもなく、国禁破りが頻々《ひんぴん》と起こっていた。

その一つが密貿易（抜け荷）で、天保《てんぽう》年間、石見浜田《いわみはまだ》藩（現島根県）で起きた「竹島《たけしま》事件」などはその代表的なものである。ここで言う竹島とは現在、日韓両国が互いに領有権を主張している島ではなく、その近くにある鬱陵島《うつりようとう》のことである。財政窮乏に苦しむ同藩では御用商人の献策を受け入れて密貿易を許し、商人たちは船団を組んで竹島をはじめ、東南アジア各地へ頻繁に出向いて交易を行なった。しかし財政がようやく再建軌道に乗り始めた頃、幕府の隠密に嗅《か》ぎつけられて発覚、関係者は厳罰に処されたうえ、同藩は遠く奥州棚倉《たなぐら》（現福島県）の地へと転封された。

このほかにも中国船が海難事故を装《よそお》って長崎近隣の藩領内に侵入し、交易を求めたり、逆に日本人が近海上で外国船に接近し、取引を持ちかけるというケースもあった。

海洋に面する地方では、異国人がしばしば上陸し、日本人と接触した。九州の離島に潜入したイエズス会の宣教師、飲料水や食料を求めて太平洋岸の浜に着岸した捕鯨船の乗組員、日本に興味を抱いて最北端の島に現われたアメリカ人青年など、日本人が異国人と遭遇、接触したという記録は数多く残っている。もちろん一般庶民は不用意に彼らと関わりを持てば、処罰されるから、進んで近づこうとする者はほとんどいなかった。

一方、密《ひそ》かに海外へ渡航を企《くわだ》てる、いわゆる密航者も少なからず存在した。江戸時代を通して密航者がどのくらいの数にのぼったのかは不明だが、はっきりしているのは国が開かれた幕末期に急増したということである。

それは開国後、欧米諸国からヒト・モノ・情報がどっと国内に流れ込んで来ると、それらに接した日本人の中から、是が非でも現地へ行き、進んだ文物制度に触れてみたい、先進知識や技術を習得したいと考える者が続出したからで、彼らは在留外国人の協力を得て国外脱出を図った。


本書ではこのような国禁に背くさまざまな行為の中で、幕末の密航を取り上げる。国を出るのも戻るのも、発覚すれば死罪とされる中、危険を顧《かえり》みず彼らに密航を決断させた動機とは何であったのか、手助けしてくれる仲介者をどのように見つけ出し、話をまとめたのか、渡航費用をはじめ、現地での生活費や学資をどう工面したのかなど、それぞれの密航実現に至るまでのプロセスをたどり、最大のヤマ場である脱国当日の動きを細かく検証した。国外脱出を企てた者たちの本懐達成に至るまでの経緯はまちまちで、そこにはいずれも興味深い人間ドラマが秘められていた。

密航に成功した者たちは出国時こそ国家の「重罪人」とされたが、異国での学術修業を終えて帰国すると、新生日本では一転して「洋行帰りの知識人」と、もてはやされ、各分野の指導的立場に就《つ》いて手腕《しゅわん》をふるった。その意味で、初期密航者たちが明治の礎となったと言っても過言ではない。

一方、長州《ちょうしゅう》藩の吉田松陰《よしだしょういん》のように密航に失敗し、無念の涙を流した者たちも少なからずいた。また加賀の豪商、銭屋五兵衛《ぜにやごへえ》や長崎の女傑商人、大浦慶《おおうらけい》たちについては今なお密航伝説が語り継がれている。こうした密航にまつわる余話もあわせて紹介する。

本書で引用した史料についてはできるだけ原文で掲載したが、そのままでは理解しにくい部分もあるため、場面によっては筆者の責任で、カッコ内に現代語訳や要約した語句を挿入したほか、旧字を現代字に、カタカナを平仮名に変え、句読点やルビを付し、適宜注釈を加えたことをお断わりしておく。また、本文の中で用いた書物の著訳者や登場人物の敬称は煩雑《はんざつ》さを避けるため、省略させていただいた。

執筆にあたり、多くの先達の方々から、参考文献の紹介を含め貴重な助言や指導をいただいた。深甚なる謝意を表したい。

平成二十七年暮

熊田《くまだ》忠雄《ただお》

明治を作った密航者たち――目次

第二章　グループ密航

第三章　単独密航

第四章　密航伝説を追って

第一章　密航の構図

海外渡航の禁止から解禁まで

徳川幕府のいわゆる「鎖国」という対外交流制限策は一般に、五段階を経《へ》て完成したとされる。このうち日本人の海外渡航を全面的に禁じたのは、三代将軍家光《いえみつ》時代の寛永《かんえい》十二（一六三五）年五月二十八日、老中から長崎奉行へ発せられた一七条からなる下知状で、一般的には「第三次鎖国令」と呼ばれる。その中に次のような条項がある。

「異国へ日本の船、これ遣《つかわ》すの儀、堅（く）停止の事」

「日本人異国へ遣し申す間敷《まじく》候、若《も》し忍び候而乗渡る者於有之ば、其者は死罪、其船船主共に留置、言上可仕事」

「異国へ渡り、住宅仕《つかまつ》り、これ有る之日本人来たり候はば、死罪申し付くべき事」

日本人は海外への渡航ばかりでなく、海外からの帰国も禁じられ、これらに背《そむ》く者はいずれも死罪に処するとされた。

ちなみに歴史学者の山本博文《やまもとひろふみ》は幕府が日本人の海外渡航を禁止した時期については、この第三次鎖国令ではなく、それ以前であったとしている。

「(第三次鎖国令が) 日本人の海外渡航禁止の画期と、とらえられているが、この下知状が、その画期ではなく、その年 (寛永十二年) の正月九日、朱印貿易家に対して、今年の朱印状派遣を禁止すると伝えた年寄連署奉書で、すでに命じられているのである」

(『鎖国と海禁の時代』)

どちらにせよ、この年から三世紀を経た嘉永《かえい》七 (一八五四) 年三月、幕府は武力を背景に開国を迫《せま》るアメリカの強硬姿勢に屈《くっ》してついに「祖法」を転換、同国と和親条約を締結した。これによって「鎖国」体制は終焉《しゅうえん》し、以降欧州諸国とも同様の条約を結んで国際社会へのデビューを果たした。

と言って、ただちに日本人の海外渡航までもが自由化されたわけではない。幕府は攘夷運動の激化、条約勅許をめぐる攻防、過激派公家と結託し、反幕姿勢を強める長州藩への対応など難問に追われ、海外渡航の解禁にまで、とても手が回らなかったからである。

その幕府がようやく日本人の海外渡航の解禁に踏み切るのは、日米和親条約の締結から実に一二年後の慶応《けいおう》二（一八六六）年四月七日のことで、この時発せられた「海外渡航差許布告」とは、次のようなものであった。

「海外諸国へ向後（今後）、学科修業又は商業のため相越度志願（渡航志願）の者は、願出次第御差許可相成候。尤（もっとも）糺（ただし）の上、御免の印章（渡航許可書）可相渡候間、其者の名前、並（ならびに）如何様之手続を以（もって）何々の儀にて、何の國へ罷越度旨、委細相認（あいしたため）、陪臣は其主人、百姓町人は其所の奉行、御代官、領主、地頭より其筋へ可申立候」

これにより日本人は誰でも留学と商用の目的に限り、幕府が条約を結んだ国々への渡航が許され、その筋へ申請さえすれば、「海外行御印章」（現在のパスポート）が発給されることになった。だが解禁の触れは出たものの、ただちに受け付けが始まったわけではない。申請項目の詰めや印章の形状の確定などに手間取り、最初の発給が行なわれたのは、解禁宣言から半年後のことである。

その記念すべき第一号の印章が発給されたのは十月十七日、受取人は江戸・神田相生町《あいおい》に住む隅田川浪五郎《すみだがわなみごろう》という三七歳の曲芸師で、渡航目的は商用、期限は二年であった。浪五郎は同業の仲間一七人とともに、アメリカ人興行師リズリーに雇《やと》われて海外巡業へ向かうことになり、江戸・北町奉行所に印章の発給申請をしたのである。一行は印章を受け取ってから一二日後の十月二十九日、横浜からイギリス船アーチボールド号（三九三トン）でサンフランシスコへ向かった。

密航者とは

幕府によって海外渡航が禁止されていた二三一年間に、幕府の認めた使節団と留学生、および漂流民を除いて、日本人で国の外へ出た者はいないはずであったが、現実には国禁を破り、海を渡った者たちがいた。それが本書で言う「密航者」である。江戸時代における密航者の総数は不明だが、厳しい監視体制をかいくぐって脱国を図った者はわれわれが考えるより、はるかに多かった。

海外渡航禁制下における密航と言えば、交易の許されていたオランダや中国の船に潜《もぐ》り込んで脱国するケースがほとんどであった。たとえば天保年間、長崎・出島在留のオランダ人に見初《みそ》められた丸山《まるやま》の遊女、鶴《つる》は当時オランダ領のジャガタラ（現インドネシア）のバタビア（現ジャカルタ）へ渡り、その男の妻になった。オランダ商船へ積み込まれる荷物の中に身を隠して日本を離れたのだが、同じような方法で密航した者も少なからずいたと思われる。

ところが開国後はオランダや中国に加え、欧米各国の船が頻繁に来航し、日本に在留する外国人も増えると、脱国方法にも変化が現われた。荷物の中に紛《まぎ》れ込むような方法ではなく、もっと容易に、巧妙に外国船へ潜り込めるようになったからである。

このため密航者が急増し、とりわけ慶応元（一八六五）年と翌二年の両年に集中している。本書では嘉永七（一八五四）年の日米和親条約締結から、海外渡航が解禁される慶応二（一八六六）年までの一二年間に、密航を企てた者を主として取り上げる。

密航には同じ藩の者同士、あるいは異なる藩の者が示し合わせて行なう「グループ密航」と、組織（藩）の支援を受けず、各人がさまざまな人脈をたぐって実現に漕《こ》ぎつける「単独密航」の二つのパターンがある。

このうちグループ密航については、機密保持という意味から、同じ藩の者同士で決行するのがほとんどだが、まれに志《こころざし》を同じにする他藩の者と連れ立って渡航するケースもあった。

グループ密航者を出した藩を挙《あ》げると、薩摩、佐賀、熊本、柳川《やながわ》、久留米《くるめ》、土佐《とさ》、宇和《うわ》島《じま》、長州、広島、加賀などで、このうち加賀を除けば、ほとんどが西日本の諸藩で占められていた。

一方、単独密航を企てた者たちの出身地を現在の都道府県で言うと、東京、埼玉、静岡、新潟、福井、岐阜など東日本各地に分散しており、グループ密航者とは対照的である。

これら密航者のうち欧米など遠隔地をめざした者については、ほぼ特定でき、その人数は約五〇名である。

これに対して慶応二年から翌三年にかけて相次いだ隣国清《しん》の上海《シャンハイ》への密航者については、正確な数を把握《はあく》できない。というのは、上海は地理的にも近く、日本と行き来する外国船の便数も多かったこと、渡航目的の多くが戦艦や武器の調達のためで、現地滞在も短期間で済んだことから、密航も欧米行きに比べて容易だったからである。中には同一人物が複数回、密航したケースもある。記録に残る上海密航者を単純に合算しただけでも一〇

○名を超える。

また密航にはこんなケースもあった。幕末の外交記録集『続通信全覧』によると、文《ぶん》久元《きゅう》(一八六一)年五月、箱館《はこだて》在住のアメリカ商人フレッツル(フレッチャー)は「幸次郎」なる日本人召使《めしつかい》を清国へ同行したい旨、同地の奉行所に許可を求めたが、却下された。だがフレッツルはこれを無視して召使と出国し、二カ月後に再入国したが、その際、幸次郎は国禁破りの密航者と認定され、奉行所の取り調べを受ける。幸い死罪は免《まぬが》れたものの、故郷の村へ追放となった。

在留外国人が増えるにつれ、フレッツルのように日本人の従僕や乳母《うば》などを海外へ同伴したいという申請が各居留地の奉行所へ相次いで出された。このうち大半は却下されたが、中には例外的に認められたケースもある。

万延二(一八六一)年二月(万延二年は二月十八日まで)、在日イギリス公使オールコックは外国奉行に対し、日本人の召使を香港《ホンコン》へ同伴したい旨の許可願いを出したところ、これがすんなりと認められ、時の老中久世広周《くぜひろちか》と安藤信正《あんどうのぶまさ》の連名による許可証が交付された。おそらく「大物外交官」ゆえの特例措置だろう。

密航動機は先進知識の吸収

幕府は安政《あんせい》五（一八五八）年にアメリカをはじめイギリス、フランス、オランダ、ロシアの五カ国との間で、修好通商条約を締結し、翌年、長崎、横浜、箱館を国際貿易港として開いた。これによってヒト・モノ・情報がどっと国内に流れ込み、日本人の対外認識に大きな変化をもたらしたが、幕府による日本人の海外渡航制限は依然として続いており、交流は一方通行であった。

その後幕府は、特別に認めた使節団と留学生に限って渡航を許可するが、それとても最初の渡航者が出るのは、開国に踏み切ってから六年後の万延元（一八六〇）年である。この時、総勢七七名からなる使節団の渡航先はアメリカで、目的はワシントンでの日米修好通商条約の批准書交換式への出席と現地の文物制度の視察であった。また使節団の乗り込んだアメリカ戦艦ポーハタン号には、幕府の軍艦咸臨《かんりん》丸が使節団の護衛と士官の航海訓練を兼ねて随伴し、これには九六名が乗り込んだ。よって開国後、幕府公認で最初に海を渡った日本人は一七〇名余にのぼった。

この遣米使節団とそれに続く各遣外使節団には、幕府関係者のほか諸藩の藩士も同行が認められ、ある者は幕臣の従者として、またある者は医師や通訳などの資格で加わった。たとえば遣米使節団には全国一一の藩から一五名、第一次遣欧使節団（竹内保徳《たけうちやすのり》使節団）には八つの藩から一〇名、第一次上海貿易視察団には七つの藩から一一名が参加している。

幕府は随行者に対し、帰国後、海外で見聞したことは口外せぬようにと釘を刺したが、守られるはずもなく、地元に戻った者たちは藩主以下、関係者に報告したから、最新の海外事情がたちまち漏《も》れ伝わった。

彼らの伝えた内容とは、日本が対外交流を制限している間に、欧米諸国は科学技術を発展させて産業を興《おこ》し、海外との交易を活発に行なうことによって国を富ませ、軍事力を強化し、文字通り富国強兵に邁進《まいしん》しているというもので、わが国との力の差は埋め難いものがあるとした。

同時にアヘン戦争の敗北により列強の蚕食《さんしょく》を許した隣国清の実情を紹介し、かの国の二の舞を避けるためにも、わが国は海外の進んだ知識や技術を積極的に吸収して国力を増強し、軍備軍制を整える必要があると訴えた。

こうした提言にとりわけ敏感に反応し、理解を示したのは、当時洋学を学び、海外情報に接していた開明的な学者や若者たちである。この頃の洋学教育は幕府の蕃書調所《ばんしょしらべしょ》（のちに洋書調所、開成所《かいせいじょ》と改称）をはじめ、各地の藩校や専門の伝習所、あるいは大坂の適塾《てきじゅく》のような私塾でなされていたが、何といってもその中心は長崎であった。

長崎は長い近世を通じ、西洋文化の唯一の取水口であり、洋学とりわけ蘭学のメッカであった。洋学を志す者は競うようにこの地をめざし、シーボルトやポンペ、カッテンディーケらから蘭学、医学、海軍術など最新の西洋の諸学術を学んだ。当時の長崎行きは、さしずめ現代の海外留学のようなものであった。

ところが開国後、洋学の主流は一転して蘭学から英学へと移る。それはアジアにおける外交、軍事、貿易などの諸分野で、イギリスやアメリカなど英語圏のプレゼンスが増したためで、幕府や諸藩は優秀な人材を選んで次々と長崎へ送り、英学修業をさせた。

たとえば加賀藩の場合、慶応元（一八六五）年に藩士の子弟五〇名を英学修業のため長崎へ送り込み、在留外国人宅に寄宿させながら学ばせている。その一人に、のちに消化酵素タカジアスターゼを発見した高峰譲吉《たかみねじょうきち》がいる。弱冠一二歳にして藩の長崎伝習生に選ばれた高峰は、ポルトガル領事宅にホームステイしながら学んだ。

密航者の出身地

江戸時代に長崎へ遊学した者の経歴や人物評をまとめた『長崎遊学者事典』（平松勘治著）という本がある。そこには総勢一〇五二名が紹介されているが、彼らの遊学目的を見ると、最も多いのが医学で五六〇名、以下蘭学が一三二名、砲術・兵学が一二八名、美術が八五名、英学が六五名、航海術が五九名、造船術が四二名という順になっている。蘭学が英学より上位にあるのは、江戸時代を通してみれば、ということであろう。

また遊学者の出身地を現在の都道府県に当てはめると、中国、四国、九州の三地方だけで五七八名にのぼり、過半数を大きく上回っている。とりわけ九州出身者が突出しており、二六二名と全体の四分の一を占めている。地理的に長崎と近いということが関係しているとみられる。

同種の本に『長崎游学の標』（長崎文献社編）があり、こちらは江戸時代から明治半ばまでの間に長崎で学んだ七七二名を採録している。ここでも遊学者を多く出した都道府県の一位は佐賀、二位福岡、三位山口、四位鹿児島、五位広島と、西日本の県が上位にランクされ、とりわけ中国と九州地方の出身者だけで全体の六割以上を占めている。

両書とも長崎遊学者をすべて網羅しているわけではないとしているが、遊学者の出身地分布が西高東低を示しているという点では共通している。西日本は古くから海外との交流があり、学問を含め新しい文化が国内で真っ先に到達するため、これに接しようとする進取の気風が育《はぐく》まれたのであろう。

このように密航者と長崎遊学者はともに西日本から多く出ており、傾向として長崎遊学者の多かった県（藩）から密航者も多く出ていると言ってよい。

遊学者たちは長崎に滞在中、欧米人教師や輸入された書物、新聞を通して最新の海外事情を吸収したが、知れば知るほど、より進んだ知識や技術を深く習得したいとの欲求が芽《め》生《ば》え、現地での勉学を熱望する者が現われる。

だが先に述べたように学業目的の海外渡航が許されるのは慶応二（一八六六）年からで、それまでは幕府派遣の留学生にでも選抜されない限り、外国で学ぶチャンスはなかった。その留学生とても対象は幕臣およびその子弟に限られていたから、諸藩の中で海外での学問修業を望む者たちの間には不満が高まった。そこで「密航」という非合法手段が浮上するのである。

薩長両藩主、密航留学許可

藩として最初に家臣の密航を認めたのは長州藩である。同藩では文久二（一八六二）年夏、朝廷と幕府・有力諸藩が一致して政局運営にあたるべきとする公武合体派が排除され、天皇中心の国家樹立と外国勢力の排斥をめざす尊皇攘夷派が藩論を牛耳《ぎゅうじ》るようになる。

その中に列強の干渉から日本を守るため、相手の真の実力を知る必要があるとして、海外での学問修業を志す一握りの若者たちがいた。攘夷実現のための、いわゆる「夷情探索」という考え方である。

彼らは藩の上層部に海外留学の希望を強く訴え、許可を取り付けるが、そんな彼らもいったん国外へ出てみると、たちまち列強の国力をまざまざと見せつけられ、自分たちが思い抱いていた攘夷思想なるものがいかに偏狭で、独《ひと》りよがりなものであるかを悟る。同時にこの時の衝撃が彼らに西欧諸国の先進知識や技術を貪欲《どんよく》に吸収して国力をつける以外にこの国の将来はないという思いを植えつけた。

こうした思想的な紆余曲折《うよきょくせつ》を経て長州藩が組織として攘夷政策を放棄するのは、最初の密航者を出した翌年の元治《げんじ》元（一八六四）年夏、欧米四カ国の連合艦隊の攻撃を受け、完膚《かんぷ》なきまで叩きのめされた下関《しものせき》戦争の終結後のことである。

長州藩に続き、密航留学生を送り出したのは薩摩藩だが、海外留学の発想そのものはこちらのほうが早かった。長州藩の若者たちが海外留学を願い出る五年も前に、開明的な時の藩主が藩内の優秀な若者を欧米諸国へ派遣することを構想し、密かに準備に入ったが、実現を前に急死したため、計画は頓挫《とんざ》する。つまり薩摩藩の場合、海外留学を初めから藩の政策として計画的に取り組もうとした点が、個人の発意によって実現した長州藩と異なる。

薩摩藩で留学生派遣が再び俎上《そじょう》にのぼるのは、生麦《なまむぎ》事件の賠償金の支払いなどをめぐり、イギリスと戦火を交《まじ》えた文久三（一八六三）年の薩英戦争後のことである。この戦いで薩摩軍は善戦したものの、イギリス艦船から発せられる正確無比なアームストロング砲に手を焼き、その技術力ひとつ見ても、とても相手にできる国でないとして降伏する。

これを機《き》に同藩もまた開国へと舵《かじ》を切り、欧米諸国、とりわけ先頃まで敵として戦ったイギリスに一転して急接近し、積極的な交流をめざすことにした。藩の上層部はまず有為《ゆうい》な人材を選抜して海外で学ばせることにより、帰国後、彼らの習得したものを自藩の富国強兵に役立たせようと考えたのである。

つまり薩長両藩とも欧米列強から手痛い軍事攻撃を受けることがなかったら、列強の実力を知ることもなく、彼らの有する先進知識や技術を吸収するために留学生を海外へ送り出そうという決断を下さなかったと言ってよい。

だがいくら家臣を海外で学ばせたいと思っても、日頃何かと幕政に批判的な両藩に対し、幕府が渡航許可など出すはずもなかった。それは送り出す側も重々承知しており、長州藩の家老を務めた浦靭負《うらゆきえ》が日記に「此節之時勢にては幕府え御申立にも難相成候間……」と記していることからもうかがえる。

さりとて、いつになるか分からぬ渡航解禁の日を、座して待つわけにもいかない。時代は日に日に変化し、自藩の富国強兵のためには一刻の猶予も許されない。そんな切羽《せっぱ》詰まった思いから両藩が下した結論は、艦船や武器などの購入を通じてパイプのできた外国商社、とりわけイギリス系商社の協力を得て、密航を実現させようというものであった。

外国商社の仲介

商社は世界各地に豊富な人脈と幅広い情報ネットワークをもち、何よりも自前の船や傭船を使って人や物資を自由に輸送することができるため、密航を企てる側からすれば、願ってもない協力者だった。司馬遼太郎《しばりようたろう》も『世に棲む日日』の中で、こう記している。

「このころ英国をはじめ各国は、上海―長崎―横浜間にすでに定期便をひらいており、それに乗れないのは、日本人だけであった。幕府は依然、国内法としての鎖国を放棄していない。が、密出国の方法は、松陰の下田《しもだ》渡海当時よりもはるかに容易になっていた。外国の商社にさえわたりをつければ、その商社が傭船《チャーター》している貨物船にもぐりこめばいいのである」

開国直後の長崎で最も幅を利《き》かせていたのはイギリス系商社だった。貿易取扱高がこの地に進出した外国商社の中で群を抜き、それを裏付けるように商船の長崎来航数も他国船を大きく引き離していた。

『新長崎市史』（長崎市史編纂委員会編）によると、文久二（一八六二）年から慶応二（一八六六）年までの五年間、長崎港に出入りした外国商船の総数は一一三六隻で、このうちイギリス船は六四九隻と、全体の六割近くを占めている。二位のアメリカが一八七隻、三位のオランダが一三四隻だから、その差は歴然としている。

また長崎在留の外国人数は、文久二年当時、中国人を除いて欧米人は九一名おり、内訳はイギリス人三一名、アメリカ人三七名、オランダ人五名、ポルトガル人四名、フランス人二名、ロシア人一名、その他が一一名だった。三年後の慶応元（一八六五）年を見ても、総勢一五一名のうち、イギリス人六六名、アメリカ人三三名と、両国人が全体の三分の二を占めていた（『長崎異人街誌』浜崎国男著）。

つまり開港してからこの地では、商業活動の主体がオランダ人、中国人から完全に英米人へと移り、大浦《おおうら》海岸に面する一等地も彼らの事務所や倉庫で占められるようになった。


薩長両藩がこれらの商社の中で、密航の協力を求めた先はスコットランド系商社のグラバー商会である。同商会の代表トーマス・ブレーク・グラバーは安政六（一八五九）年、二一歳で長崎に渡来し、イギリス系商社で働いたあと、二年後にジャーディン・マセソン商会の長崎代理店として独立する。

幕府による外国貿易の独占を好ましくないと思っていたグラバーは、同様な不満を抱く西南諸藩に接近し、中でも幕府と距離を置く薩摩、長州の両藩や独自に近代化路線を推《お》し進める佐賀藩など有力藩と、艦船や銃砲、弾薬などの取引を通じて関係を深めていく。
いわゆる「死の商人」として頭角を現わしたグラバーは、とりわけ薩長両藩のキーマンたちとの間に人脈の輪を広げ、次第に彼らの志向する倒幕運動にも理解を示すようになり、彼らの要請にも可能な限り応《こた》えようとした。その意味でグラバーは幕末期の日本に政治的、経済的な面で影響力を与えた、きわめて異色な外国商人だった。彼が明治維新の蔭《かげ》の立役者とも評されるゆえんである。晩年のグラバーがこんなことを語っている。

「つよく言っておきたいことは、長州、薩摩、肥後《ひご》、肥前《ひぜん》、宇和島、この諸大名と何十万、何百万の取りひきをしても、ワイロは一銭も使ったことはない。立派な武士の根性でやった。これは特筆大書しておいてもらいたい。自分の一番役に立ったということは、ハーリー・ハークス（ハリー・パークス）と、それから薩長の間に立って、壁を毀《こわ》したのが、自分のした一番の手柄であった。徳川政府の叛逆人の中では、自分がもっとも大きな叛逆人だったたと思っている」

思わず「カッコいい！」と、声を掛けたくなるようなグラバーの名セリフであるが、研究者の間ではこの発言を、額面通り受け取る者は少ない。幕末から維新にかけての長崎史に詳しい本馬貞夫《ほんまさだお》もその一人で、グラバーが薩長とイギリスとの接近を謀《はか》り、徳川政権を倒した維新の功労者であるという評価に疑念を呈している。

「（この評価の根拠になっているのは）旧長州藩の歴史編纂及び伊藤博文《いとうひろぶみ》、井上馨《いのうえかおる》の事蹟資料収集の目的でグラバーから聞き取りをした『デ・ビー・グラバー氏談話速記』であった。（これは）明治維新の評価が定着し、薩長藩閥政府が権威を誇っていた時代の聞き取りであり、グラバーの自己弁護が含まれていることは疑いないことから、これを根拠としたグラバー像は前提としない方が賢明ではないか。（この）グラバーの回顧をそのまま受け入れることはできない」

（『貿易都市長崎の研究』本馬貞夫著）

グラバーは明治四十一（一九〇八）年、外国人としては破格の勲二等旭日重光賞を受けているが、これは長州藩出身の時の有力政治家、伊藤博文と井上馨の強力な推薦があったためとされる。このようにグラバーは明治維新を主導した「勝ち組」からは「大恩人」としてもてはやされたから、彼の談話もまた「勝ち組」の思い入れが色濃く反映されたものとみてよい。

グラバーの歴史的評価はさておき、話を先に進めよう。

薩長ばかりでなく、諸藩からの密航協力の要請を快《こころよ》く受け入れたグラバーは幕府の監視を巧《たく》みに避けながら、実現に向けて献身的に動く。密航者の移送に自社船を提供したほか、渡航費、学資、生活費などの諸費用を肩代わりしたり、貸付けを行なった。さらに現地イギリスでは、彼の親族らが懇切に生活の面倒をみたうえ、身元保証人となって教育機関を紹介するなど、多岐にわたって支援の手を差し伸べた。

グラバー商会以外ではジャーディン・マセソン商会やオルト商会も密航に手を貸した。日本駐在のイギリス外交官もこうした自国の商社が日本人の密航に手を貸していることは承知していたが、幕府への手前、表向きは無関係を装った。

しかしイギリスの本心は別なところにあった。当時、対日貿易の拡大をめざしていたイギリスにとっての不満は、幕府が外国貿易を独占していることであり、早急にその障害を取り除き、諸藩にも広く開放すべきと考えていた。また幕府がフランスと急速に関係を深めていることも面白くなかった。

やがて反幕勢力が発言力を増し、幕府の権威に陰りが見え始めると、イギリスもグラバーらの行動を支持するようになる。それは薩長などの主張する天皇中心の統一国家の誕生はイギリスの国益にも合致するからである。

このため日本駐在公使のハリー・パークスがグラバーの仲介で鹿児島を訪問し、時の藩主島津忠義《ただよし》と面談したほか、その帰路に宇和島へ立ち寄り、同藩の前藩主、伊達宗城《だてむねなり》と意見を交わすなど活発な動きを見せている。一国の公使が大名の領国を訪れることなどは極めて異例であるが、イギリスは反幕姿勢を強めるこれらの諸藩に接近する態度を示すことによって、幕府を揺さぶり、牽制しようとしたのである。

こうしたイギリス側の官民挙げての協力なくして、西南諸藩の若者たちの密航は一〇〇%あり得なかったと言ってよい。

このほかアメリカへ渡航を希望する者に対しては、ニューヨークのオランダ改革派教会本部から派遣された宣教師フルベッキやブラウン、商社ではウォルシュ商会などが蔭で手を貸した。

情報収集活動

薩長や佐賀藩などのように外国商社との間に太いパイプがあれば、密航の協力を取り付けるのも容易だったろうが、それ以外の藩の者はどのようにして密航に漕ぎつけたのだろうか。それを可能にしたのは長崎での情報収集活動である。

江戸末期、諸藩は江戸のほか京都や大坂に藩邸を置き、各留守居《るすい》役に幕府や朝廷との連絡、他藩との折衝《せっしょう》や情報収集などを担当させていたが、長崎にも西国の藩を中心に蔵屋敷を置き、「聞役《ききやく》」と称する藩士を駐在させていた。聞役の任務とはどんなものであったのか。

「(聞役を)辞典風に定義づければ、西国十四藩が幕府直轄地長崎に置いた役職で、長崎奉行からの指示を国元へ伝えるほか、貿易品の調達、諸藩との情報交換を主たる任務とした」
(『長崎聞役日記』山本博文著)

聞役には「定詰《じょうづめ》」と「夏詰《なつづめ》」の二種類があった。定詰とは文字通り、一年を通して藩士が駐在するもので、佐賀、福岡、対馬、熊本、小倉《こくら》、平戸《ひらど》の九州六藩が置いた。一方、夏詰はオランダ船が入港し、滞在している五月中旬から九月上旬までの約四カ月間、藩士を駐在させるもので、こちらは薩摩、長州、久留米、柳川、島原《しまばら》、唐津《からつ》、大村《おおむら》、五島《ごとう》の八藩が置いた。

このほか広島藩や延岡《のべおか》藩などのように藩士は駐在させず、そのかわり藩の御用商人を務める長崎の町人を「用達《ようたし》」と呼んで、奉行所からの連絡事項の伝達や情報収集に当たらせるところもあった。

このように幕末の長崎では奉行所の役人や通詞、聞役、用達、町役人、伝習生、各国領事、外国商人、宣教師らの間で、日夜さまざまな情報が飛び交い、その中には薩長はじめ、いくつかの藩が家臣たちを密かに欧米へ学問修業に送り出したり、近隣の上海へ艦船や武器の調達に向かわせているとの話も、当然あったはずである。

密航者が西日本の諸藩から多く出た理由の一つに、こうした情報に日頃から敏感で、それぞれの人的ネットワークを通して得たものを素早く行動に結びつけたことが挙げられよう。

一方、個人による単独密航は渡航の目的、手段、協力者などもまちまちで、本書で取り上げた者たちの場合、組織（藩）は一切関与していない。それゆえ各人が苦労しながら、さまざまな人脈をたぐって脱国のチャンスを模索し、実現に漕ぎつけている。

密航失敗

密航に成功したケースもさまざまなら、失敗したケースもまた、さまざまである。密航失敗の代表格と言えば、アメリカ密航に失敗した長州藩士の吉田松陰であろう。尊皇攘夷論を信奉していた松陰は嘉永六（一八五三）年六月、浦賀《うらが》沖に来航したアメリカのペリー提督率いる黒船艦隊を目にし、容易に屈服させられる相手でないことを悟る。改めて学問の師である佐久間象山《さくましょうざん》が説く「相手の真の実力を知らずして攘夷を唱えるのは、画餅に過ぎない」との教えをかみしめ、密航してでも自分が真っ先に海外へ渡るのだと、決意を固める。

そこでペリーが立ち去ってひと月後、長崎にプチャーチン率いるロシア艦隊が来航したと聞くと、同国へ密航しようと考え、現地へ急行するが、めざす船はすでに退去したあとで、叶《かな》わなかった。

ならばと、今度は翌年一月に再来航したアメリカ軍艦ポーハタン号に狙いを定め、伊豆《いず》下田港に停泊中の同艦に従者と二人で接近してペリーに直訴するも、拒絶される。アメリカとしては苦労の末、日本に開国を認めさせ、欧米諸国の中で真っ先に国交を結んだばかりなのに、日本人の海外渡航を国禁としている幕府の方針に背く行為には手を貸せないということだった。

日本脱出に成功して上海まで来たものの、渡航資金が底を尽き、たまたま当地に現われた幕府使節団に助けを求めたため、あえなく本国送還という憂き目に遭った若者たちがいる。薩摩藩の上野景範《うえのかげのり》、広島藩の長尾幸作《ながおこうさく》ら四人である。彼らは長崎で洋学を学んでいた仲間たちで、いつしか欧米への海外留学の夢を抱くようになり、密航計画を練り上げた。

文久三（一八六二）年の暮れ、彼らは長崎から通常の手続きをしてうまくアメリカ商船に潜《もぐ》り込み、上海まで来たが、そこから先の展望が開けず、弱り切っていた。滞在期間が延びるにつれ、持参金も乏しくなり、仲間の一人が体調を崩すなどしたためである。そんな折、幕府の外国奉行池田長発《いけだながおき》を正使とする第二次遣欧使節団、世に言う横浜鎖港談判使節団が日本から当地に到着したことを知る。

上野らは一行の滞在するホテルを訪ね、使節団の幹部に窮状を訴えたうえで、ヨーロッパへの同行を願い出る。しかし池田らは国禁を破った密航者たちに手を貸すわけにもいかず、四人に対し、これまでの罪は不問にし、船賃を与えるから帰国するよう説得する。四人は使節団側が提示した密航ではなく、漂流中、外国船に救助され、上海まで来たという筋書きを渋々受け入れ、不本意のまま長崎へ舞い戻った。

もう一つのケースは密航失敗と言うより、密航未遂である。土佐・高知城下の和菓子屋の倅《せがれ》として生まれた長次郎《ちようじろう》は、商人の子ながら学問好きの利発な子供だった。やがて長次郎の才能を前藩主の山内容堂《やまうちようどう》も認めるところとなり、苗字帯刀《みようじたいとう》を許し、士分に取り立てた。この時、長次郎は近藤《こんどう》という姓を選び、晴れて武士の近藤長次郎となった。

時を経て、長次郎は兄のように慕う同郷出身の坂本龍馬《さかもとりようま》が長崎に設立した日本初の株式会社とされる亀山社中で働くようになる。社中の主たる業務は物資の運搬や交易の仲介など海運業で、龍馬からの信頼の厚い長次郎はやがて長州藩との武器や艦船の取引を任され、これを通じて井上馨や伊藤博文と知り合う。二人は折に触れ、密航して渡ったイギリスの話を長次郎に聞かせた。

次第に長次郎の中にも、イギリスへ行って学んでみたいという夢が膨《ふく》らんでいった。慶応二（一八六六）年一月、そのチャンスがついに巡って来る。懇意にしていたイギリス商人グラバーが本国へ一時帰国することになり、長次郎も同行が許されたのである。密航留学の件は龍馬も含め、周囲の誰にも漏らすことなく、極秘裏にグラバーと計画を煮詰めていた。

ところが好事魔多《こうじま》し、出発予定日の悪天候がすべてをぶち壊してしまった。その日の長崎は風雨が強く、港内には大波が立ち、乗り込んだグラバー商会の船は出港延期となった。仕方なく船から降りたところ、長次郎は運悪く亀山社中の同志と鉢合《はちあ》わせする。長次郎の行動を怪しんだその男は社中の仲間たちの前に連行し、皆で難詰した末、密航計画を白状させる。

「さすがに上杉《うえすぎ》（長次郎の変名）も逃れぬ所と決心し、『いかにも約の如く割腹して、諸君に謝し申さん』と、ついに席を設けて自刃したるは慶応二年内寅正月十四日の事なりき」

（『維新土佐勤王史』瑞山会編）

長次郎の夢は儚《はかな》く消えた。

第二章　グループ密航

長州ファイブの深夜の脱国劇（イギリス）

諸藩の中で最初に密航留学生を送り出したのは長州藩である。この時のメンバーは五人で、年齢順に並べると、志道聞多《しじもんた》（二八歳）、遠藤勤助《えんどうきんすけ》（二七歳）、山尾庸三《やまおようぞう》（二六歳）、伊藤《いとう》俊輔《しゅんすけ》（二二歳）、野村弥吉《のむらやきち》（二〇歳）となり、平均年齢は二五歳である。志道聞多とは、のちの井上馨、伊藤俊輔はのちの伊藤博文、そして野村弥吉はのちの井上勝《いのうえまさる》のことである。

彼ら五人は「長州五傑」とか「長州ファイブ」などと呼ばれる。「五傑」は彼らの帰国後の活躍を評価し、国内で使われた尊称だが、英語混じりの「長州ファイブ」は、彼らが後年有名になってから、イギリスで使われだしたもので、彼らの学んだロンドン大学構内に建つ顕彰碑にも「Ｃｈｏｓｈｕ Ｆｉｖｅ」の文字が刻まれている。日本でも平成十八（二〇〇六）年、彼らを題材にした「長州ファイブ」という映画が制作され、話題を呼んだ。

佐久間象山《さくましょうざん》の教え

五人の中で密航計画を主導したのは井上馨である。井上もまた萩《はぎ》・松下村塾の師である吉田松陰と同じように、信州松代藩の学者、佐久間象山の思想に共鳴して行動を起こしたと言ってよい。

嘉永四（一八五一）年、象山が江戸・木挽《こびき》町（現東京都中央区）に開いていた洋学、兵学、砲学などを教える学塾「五月塾」に長州藩の吉田松陰が入塾して来た。当時同塾には象山の名声を慕って幕臣の勝麟太郎《かつりんたろう》（海舟《かいしゅう》）をはじめ、会津《あいづ》藩の山本覚馬《やまもとかくま》、越後長岡《えちごながおか》藩の小林虎三郎《こばやしとらさぶろう》、越前藩の橋本左内《はしもとさない》など各地から錚々《そうそう》たる英才が集まっていた。

象山は塾生たちを熱心に指導する一方、兵学者として大砲の開発や海防状況の実地検分などに取り組んでいたところ、嘉永六（一八五三）年六月、浦賀にペリー率いるアメリカの黒船艦隊が来航したという報に接する。

ただちに現地へ飛び、視察すると、想像を超える戦艦の大きさ、精巧さ、砲撃の威力などに度肝を抜かれる。これを見たら、日本の海防力など屁の突っ張りにもならないとして、欧米諸国に伍していくには「夷の術を以て夷を防ぐ」以外に道はなく、そのためには「彼（相手の力）を知りて己を知る」必要があるとの考えに達し、塾生たちにも説いた。

この教えを忠実に実践しようとしたのが松陰で、ペリー艦隊が再来航した嘉永七（一八五四）年三月、アメリカ密航を企てるが、あえなく失敗に終わる。すると、象山もこれに連座して投獄され、松代での蟄居《ちっきょ》を命じられる。

それから八年後の文久二（一八六二）年、蟄居が解かれると、その日を待ちかねたように象山のもとへ諸藩から召し抱えたいとの申し入れが相次いで舞い込む。いずれの藩も激動する時代への対応策を模索しており、指針づくりのため、象山の見識を仰《あお》ごうというのであった。

長州藩もその一つで、同年十二月二十七日、招聘《しょうへい》交渉のため、久坂玄瑞《くさかげんずい》と山県半蔵《やまがたはんぞう》を松代へ派遣するが、象山は要請を断わる。その理由については、あくまで幕政に関与できる立場を望んだ象山が外様藩に仕官するのを潔《いさぎよ》しとしなかったためとか、象山が他藩へ出掛け、開明的な考え方を吹聴することに藩内の保守派が反対したからなどとされる。

久坂らはこのあと京へ行き、長州藩の定宿池田屋《いけだや》に入ると、そこへ井上馨が象山との面談の模様を尋ねに現われる。当時井上は藩主毛利敬親《もうりたかちか》、世子（世継ぎ）元徳《もとのり》のお供で、京に滞在していた。

久坂が象山の時局論、海防論、海外への人材派遣論などを紹介すると、井上は大きな衝撃を受ける。象山の考えをすべて納得したわけではないが、「わが国のみ孤立して攘夷を為《な》すが如きは、決して実行出来ない事であって、外国と対峙《たいじ》して富強を争うとするには、海軍を盛んにし、武備の充実を図らねばならぬ」とする主張には大いに共感するものがあった。

井上は後年、象山の話を聞いた時の気持ちをこう語っている。

「その時は佐久間の言う如く攘夷は決して実行出来ぬと云うことに付いて、私は半信半疑でありましたけれども、武器充実論に至りては吾々が従来の素論であり、海軍興隆論と符合するものであるから、よほど深く感じました。それで再三再四熟考してみますと、今日まで時勢の潮流に駆られて、軽挙妄動(英国公使館焼き討ちなど)したのは大いに悪かった。やはり初志の如く専ら海軍興隆に従事するが肝要であると、決心を固めました」(『懐旧談』)

久坂らの話を聞いた井上は黒船(軍艦)の操縦法に習熟しなければ、真の攘夷は難しく、攘夷の実行には海軍力の強化が不可欠であると考えるに至り、外国の進んだ知識を吸収するため、洋行しなければと決意を固める。この時点で彼にとって海外留学とは、あくまでも攘夷実現の一手段に過ぎなかった。

藩主へ直訴

井上は胸の中で大きく膨らんだ海外留学への思いを藩主敬親に直接ぶつける。なぜ井上が直訴できたのか。それは万延元（一八六〇）年三月に井上は敬親の小姓役となり、文久二（一八六二）年六月以降は世子元徳の小姓役を務めていた関係で、二人と頻繁に接する機会があったからである。

井上の申し出に対し、敬親は「別に御不同意の御気色もなかったが、かような事を直接に余に願うものではない」（『懐旧談』）と、述べたという。敬親が「かような事を言うものではない」と、井上をたしなめたのは、いくら側近にいる者とは言え、物事には順序があり、特にこのような重要案件は、しかるべき手続きにのっとって藩主たる自分の所へ具申《ぐしん》せよという意味である。同時に国禁を破って海外へ行きたいという家臣に対して、藩主が軽々に「よろしい」と言うわけにはいかないことぐらい理解せよ、ということだったろう。

主君の示唆《しさ》もあり、井上は早速、同じく京に滞在していた周布政之助《すふまさのすけ》や小幡彦七《おばたひこしち》ら藩の上層部に外国行きの希望を訴え、許可が得られるよう周旋方を依頼する。周布自身も、今は攘夷が藩是となっているが、いずれ日本も外国と活発に交流する時代が到来すると予想し、西洋の進んだ知識や技術を身に付けた人材の育成が必要であると考えていた。

このあたりの周布の考えはちょっとわかりにくいが、こういうことである。文久二（一八六二）年七月、京都の長州藩邸で開かれた会議で、開国および公武合体論支持という前年に定めた藩の方針が覆され、尊皇攘夷路線を採ることに決した。この時、周布は「攘排也　排開也　攘夷而後国可開」という文言を揮毫《きごう》している。読み下すと、「攘は排なり、排は開なり、攘夷而して後（のち）国開くべし」となる。

その意味はペリー来航後、幕府が欧米列強の軍事的圧力に屈して締結した条約はいったん破棄し、外国勢力を一掃して天皇（朝廷）を安心させることができれば、そののち改めて開国を行なうというもので、「破約攘夷」などとも呼ばれる。いずれ開国は不可避としつつも、幕府でなく、あくまでも朝廷が主体的に決断したものでなくてはならぬと説いた吉田松陰に源を発する考え方である。

話を留学志望の若者に戻そう。

井上が希望していた留学先とはイギリスである。なぜだったか。それは日本と同じ小さな島国ながら、いち早く産業革命を達成し、交易を活発に行なって国を富ませ、強大な海軍力を背景に世界に君臨していたからである。当時のイギリスはまぎれもなく世界唯一の超大国であった。

また長州藩はジャーディン・マセソンやグラバーなどイギリス系商社を通じて艦船や武器を購入しており、その関係で密航の協力も得やすいのではと考えたのである。


同じ頃、藩内には井上以外にも洋行の希望を抱いている者がいた。野村弥吉と山尾庸三である。野村は幼い頃から学問に励み、数え一六歳の時に藩命で長崎へ派遣され、洋式兵法や洋学を学んだ。さらに江戸の幕府の蕃書調所を経て箱館の諸術調所（武田《たけだ》斐三郎《あやさぶろう》主宰の塾）に入り、英学と航海術、砲術、築城術などを幅広く修めた。

一方の山尾はもともと士分ではなく、繁沢石見《はんざわいわみ》という藩士の家来（陪臣）であったが、こちらも向学心に燃え、江戸遊学の機会を得る。山尾にとっての幸運はここで若き実力者、桂小五郎《かつらこごろう》（木戸孝允《きどたかよし》）を知り得たことで、人生が大きく開ける。航海術の習得をめざした庸三は桂の口添えにより、幕府がロシア領アムール地方へ派遣する亀田丸に乗り込む機会を得、現地を視察したあとは野村と同じく箱館の武田塾で学んだ。
二人は学ぶほどに国内での新知識吸収に限界を感じ、イギリス留学への思いを募らせていく。当時の野村の心境をうかがわせる一文がある。

「今や晏閑辺鄙《あんのんへんぴ》に在りて尋常読書を事とし、空しく隔靴掻痒《かつかそうよう》の嘆を抱く秋《とき》にあらず（ず）、寧《むし》ろ一躍外国に渡り親しく其物情を視察し、其技術を実習し、以て速（すみやか）に国家の急に応す（ず）可き」

（『子爵井上勝君小伝』村井正利編）

井上が藩上層部へ働き掛けを始めたのと同じ時期に野村と山尾もまた、周布ら藩の重役らに対し、留学が実現できるよう協力を要請していた。周布は若者三人の熱情を理解し、藩主への説得を続ける一方、京に来ていた藩の御用商・大黒屋の番頭で、当時ジャーディン・マセソン商会の日本側の取引窓口を務めていた佐藤貞次郎《さとうていじろう》と密かに会い、藩主からゴーサインが出た暁《あかつき》には、密航資金の融通やジャーディン側への仲介を依頼した。

内命下る

周布らの説得が実を結び、文久三(一八六三)年四月十八日、ついに藩主から井上、野村、山尾の三人に対し、五年間の暇《いとま》を与えるので、外国でしっかり学び、帰国後は海軍一筋をもって奉公せよとの内命が下る。内命とは、あくまで内密の「黙許」であり、同時に藩が関与するものではないという意味である。

藩の重役も「この事、毫《ごう》も他人に洩るることがあらば、長心(長州藩の考え)に二心あるが如し、秘すべきことなり」と、幕府はもとより、他藩の人間や藩内の攘夷過激派に察知されぬようくれぐれも注意せよと、申し渡した。

この時、敬親は三人に対し、親書とお手元金から一人あたり二〇〇両を稽古料(学資)として与えた。証拠が残らぬよう、藩の公金からではなく、藩主のポケットマネーから支出したということである。なおこの時、山尾は士分に準じられ、晴れて毛利家の家臣(直臣)となった。

藩主の承諾を得てから一〇日後の四月二十八日、井上と野村の二人は京を発って江戸へ向かい、五月六日に到着した。山尾はひと足先の同月一日、江戸に入っていた。この時、井上は国禁に背く行動に出るため、養家先である志道家に迷惑が及ばぬよう、離縁状を送り、旧姓の井上に復している。同時に三人は藩にも累《るい》が及ばぬよう全員が脱藩という形をとることにした。

井上らが江戸に入った時、伊藤俊輔も藩から命じられた鉄砲の買い付けのため在府していたが、実はこの時、すでに伊藤はイギリス遊学の決意を固めていたとされる。というのは三月下旬、京に滞在していた伊藤は井上から海外留学の計画が進行中であるとの話を内々に聞き、許可が下りた暁には自分もぜひ仲間に加えてほしいと申し出て、井上もこれを了承していたからである。

「公（伊藤）が志道（井上）と同行を約したるは、この許可下付（藩主の内命）の以前なりしも、三人の密航許可が既に内定し居りしこととて、改めて参加を願い出づる時は、却って事面倒となり、更に幾多の日子《につし》（日数の意）を要する虞（おそれ）あれば、公（伊藤）は出発の直前に至り、洋行の嘆願書を差し出すこととし、取り敢えず志道とともに渡航の準備に着手した」

（『伊藤博文伝』春畝公追頌会編）

もう一人、当時江戸で航海術を学んでいた遠藤勤助もかねてから洋行の希望があり、江戸藩邸の留守居役で遠縁にあたる小幡彦七の勧めにより仲間に加わることになった。こうした紆余曲折《うよきょくせつ》を経て、イギリスをめざす五人の顔ぶれが最終的に決まった。

だが伊藤と遠藤の二人の渡航は藩主が正式に認めたものではないため、周布ら幹部の黙認という形をとることにした。当然ながら二人に稽古料は支給されない。

晴れて念願が叶った伊藤は、国元の父親十蔵《じゅうぞう》へ次のような手紙を送っている。

「今日の急務は彼（イギリス）の情実を詳《つまび》らかにし、且《かつ》海軍の術に不熟しては相叶わざる事と存じ奉り、三年を限り執行（修業）仕《つかまつ》り、罷《まか》り帰り申すべく候」（『伊藤博文伝』）

海軍術を習得するには最低でも三年の年月が必要と、伊藤は決意を述べている。

密航準備

イギリスへの渡航意思を確認し合った五人は、リーダー格の井上馨を中心に、大車輪で準備に取り掛かったが、九年前、伊豆・下田港でアメリカ船に乗り込もうとして失敗した恩師吉田松陰の例を思い出し、同じ轍《てつ》を踏んではならぬと、固く誓い合った。

江戸到着の翌日の五月七日、井上らは駐日イギリス領事のエイベル・ガワー（A・ガワー）を訪ねて洋行の希望を伝え、渡航について協力を求めた。

この時点で五人のうち英語を話せたのは野村弥吉（井上勝）だけだった。井上馨は「其頃英語に通ずる者は井上勝が少し知って居る計りで……」と述べ、伊藤も「我々一行の中に多少英語の分かるのは鉄道の井上で、外は皆分からぬから……」と、証言している。

伊藤が鉄道の井上と言ったのは、留学を終えて帰国後、明治新政府で鉄道庁長官などを歴任し、わが国の鉄道普及に尽力した井上勝のことである。勝は一時期、野村家の養子になり、野村弥吉を名乗ったが、のちに復籍し、井上姓に戻っている。五人のうち井上姓が二人いたから、伊藤は馨と区別する意味で、後年、勝のことを「鉄道の井上」と呼んだのである。

その井上勝の英語力とても、流暢《りゅうちょう》とは言い難く、最低限の意思疎通ができる程度であった。

A・ガワー領事は若者たちから決意のほどを聞いて理解を示し、細かい段取りはジャーディン・マセソン商会の横浜支店と相談するようにと紹介状を書いてくれた。同支店は安政六（一八五九）年、ウィリアム・ケズウィックが設立したもので、神奈川運上所近くの外人居留地一番地にあったことから、別名「英一番館」とも呼ばれていた。現在のシルクセンター（国際貿易観光会館）の所在地である。

当時同支店はケズウィックに代わってA・ガワー領事の実兄のサミュエル・ガワー（S・ガワー）が支店長を務めており、彼が五人の相談に応じてくれた。

実は井上馨と野村が江戸に到着する前、山尾は艦船の購入を通じて面識のあったS・ガワーに会い、渡航資金などについて下打合せを行なっている。その際ガワー側から、船賃として一人につき七〇〇メキシコドル（約四〇〇両）、これにとりあえず一年目の学費と生活費をあわせて、一人一〇〇〇両が必要と告げられ、野村もあまりの多額な費用に驚き、返事もできなかった。

そこでこの日、リーダーの井上馨を同行のうえ、改めてS・ガワーと詰めの相談をすることにしたのである。井上がS・ガワーに対し、ぜひとも力を貸してほしいと頭を下げると、彼は「責任をもって船に乗り込むまでお世話しましょう」と快諾したが、一人につき一〇〇〇両、五人で五〇〇〇両が必要との主張は変えなかった。彼らは頭を抱えた。

当時の五〇〇〇両が現在のいくらに相当するかについては、さまざまな換算方法があり、これといった正解はない。たとえば米価換算によると、この頃の一両は現在の四〇〇〇円から一万円に相当するとされ、五〇〇〇両なら二〇〇〇万円から五〇〇〇万円の範囲内になる。別の換算法では一両を五万円や八万円とするものもある。どちらにせよ彼らにとっては容易に手の届く金額ではないことは確かだった。だが井上馨は強気にもこう考えた。

「(金策の)方便に困窮つかまつり候えども、男子立志、万里の波濤《はとう》を凌《しの》ぎ、事業を期し候はば、四千や五千の金に窮し候て、遂に果たすを得ざる事、本懐ならざる事と存じ奉り候……」

(『防長回天史』末松謙澄著)

(たかが四、五〇〇〇両くらいの金に驚いて、大志を曲げてなるものか!)

その時、井上馨の頭に、ある考えがひらめいた。江戸・麻布《あざぶ》にある藩の下屋敷に一万両もの御用金が保管されていると、伊藤が話していたことを思い出したからである。

(そうだ！　あの金を使わせてもらおう)

その一万両とは来《きた》るべき日に備え、アメリカから小銃を購入するための資金であったが、思うような丁数が確保できなかったため、使われぬままになっていた。

当時江戸藩邸で裏金を管理していたのは留守居役の村田蔵六《むらたぞうろく》、のちの大村益次郎《おおむらますじろう》である。五人は早速、村田を訪ね、単刀直入に五〇〇〇両の借用を申し入れる。だが村田は自分の一存でそれほど多額の金を動かすことはできかねると難色を示した。それならばと、今度は同藩出入りの商人大黒屋の番頭佐藤貞次郎と会い、藩邸に保管してある一万両を担保として五〇〇〇両の借り入れを要請する。

佐藤は事前に周布から留学費用の協力を求められていたこともあり、村田のお墨付きさえあればという条件付きで、貸し付けに応じ、村田も最後は五人の熱意に押され、承諾したため、ようやく必要資金を確保する目途が立った。

井上らは国元の藩重役への手紙に「この大枚の金は酒色に費やされるものではなく、藩の発展のための投資、いわば『生きた機械』を買い入れるためと、お考えいただきたい、帰国の暁にはフル稼働して恩返しをするつもりでおります」と書いた。「生きた機械」とは、ヨーロッパの進んだ知識や技術を身に付けた自分たち五人のことを指していることは言うまでもない。

いよいよ渡航準備

大黒屋から融通してもらった五〇〇〇両をジャーディン・マセソン商会に持ち込み、ドルに両替してもらうと、約八〇〇〇ドルになり、同商会に預託した。そのあと五人は下田屋という長州人がしばしば利用する旅館に入り、洋行の準備にとりかかった。まず町人姿になって町に出かけ、古着と古靴を買い込み、宿屋に持ち帰った。

井上らが上京して四日が過ぎ、五月十日を迎えた。この日は幕府が朝廷に約束した攘夷決行日である。五人は朝から落ち着かず、国元の情勢が気になって仕方がなかったが、当時の通信事情では知る術《すべ》もない。

地元ではこの日に備えて領内沿岸を通航する外国船への監視を強め、馬関《ばかん》海峡（関門《かんもん》海峡）を軍艦四隻で封鎖した。夕方になって見張り役から海峡の田野浦《たのうら》（現北九州市門司《もじ》区）沖にアメリカ商船ペンブローク号が停泊しているとの連絡が入った。同船は横浜から上海へ向かう途中だった。日没を待って二隻の長州軍艦が出動し、日付けの変わった十一日の午前二時頃、無通告で砲撃を開始した。いきなりの砲撃に驚いたアメリカ船は周防灘《すおうなだ》方面へと遁走《とんそう》した。長州陣営はあとで手痛い報復を受けることになるとも知らず、大いに気勢を上げた。

英一番館から彼らのもとへ出発の連絡があったのは、砲撃のあった日の午前中である。その内容とは明日十二日の早朝、上海へ向かうジャーディン・マセソン商会の便船があるので、今夜四ツ刻（午後十時）までに事務所まで来るように、というものであった。

五人は集合時間までの間、持参する荷物（と言ってもたいした物はなかったが）をまとめたり、郷里の肉親らに手紙を書くなどして過ごした。夕方からは横浜太田町の料亭「佐野茂」に村田蔵六と佐藤貞次郎の両人を招いて感謝の宴《うたげ》を兼ねた送別会を開き、別れの酒を酌《く》み交わした。

宴が盛り上がるにつれ、若者たちは気分が高揚して次々と異国へ向かう決意を歌に詠んだ。伊藤はこれまで夷狄《いてき》と思い込んでいた国へ、いよいよ学びに行く複雑な心情を込めた。

ますらおの　恥を忍びて行く旅は
　　すめらみくに（皇御国）の　為とこそ知れ

いざ脱国

宴を終えた五人は佐藤貞次郎宅に立ち寄って、髪を切り、洋服に着替え、靴を履《は》いた。井上によれば、「水兵の着る様な衣服を着て、靴は一寸も余る様な大きいやつを履いて……」ということだが、彼らはダブダブの服にブカブカの靴を履いた互いの姿を見て、思わず吹き出した。

静まりかえった暗い夜道を英一番館へ向かうと、S・ガワーが待機しており、彼から「五人を運ぶチェルスウィック号のバーストウ船長の食事が終わり次第、乗船することになるので、しばし待つように」との指示があった。

頭の上から爪先まで外見はすっかり西洋人らしくなった五人が、今や遅しと待っていると、S・ガワーが現われ、思いも寄らぬことを口にした。
船長が、五人の移送に難色を示しているというのである。船長の言い分とは「幕府が日本人の海外渡航を禁じているのに、五人を乗せて出発するわけにいかない」というものだった。彼らは思わず耳を疑った。この期《ご》に及んで何を言うのかと、猛然と抗議した。

(言われた通りに金も払い込み、断髪、洋装までして準備したというのに、今さら何を言うんだ。船に乗せぬと言われ、ハイそうですかと、おめおめ引き下がるわけにいかない。この格好で外へ出たら、かえって怪しまれる。どうしても乗せないと言うなら、われわれはこの場で腹をかき切る。幕府の役人に捕縛され、首をはねられるくらいなら、この場で切腹したほうがましだ!)

今にも腹を切りかねない五人の剣幕に、日本語を理解できるガワーは血相を変え、再度船長を説得してみると戻って行った。やっとのことで船長も折れ、午後十一時、同商会の裏口から波止場へ向かった。

いよいよ脱国に際して最難関の運上所前を通過する瞬間を迎えた。神奈川運上所は現在の神奈川県庁の敷地内にあり、その東側が外人居留地、西側が日本人居留地となっていた。ちなみに運上所とは神奈川奉行所の一組織で、単に物品の通関手続きばかりでなく、外交事務、港内の土木営繕、船舶の製造修理、警察、司法など港に関わるすべての業務を担当した。

当時、英一番館、運上所、波止場は次のような位置関係にあった。

「輸入品の検査場（運上所）は、之を改所と云ひ、英一番の西の端に設けられ、其（の）東北海岸にある二つの波止場、即ち東波止場を監視したのである。東波止場は外国貨物の揚卸場に専用し、西波止場は御国産波止場と称し、内国貨物に限り使用された……」

（『横浜市史稿』横浜市編）

英一番館を出て、東波止場から小船に乗り込むには運上所の前を避けて通れない。だがここで役人に発覚すれば、すべてが水泡に帰す。この夜、出港予定の船ありと、運上所に通告していれば、真夜中であろうとも最後まで見届けるのが役人としての務めである。ガワーは予《あらかじ》め五人にこう注意した。

(イイデスカ、運上所の前を通り過ぎる時、ワタシ、アナタたちに英語で、何かを話します。アナタたちも分かった振りをして、何か英語の言葉を大声で話してください。ワカリマシタネ)

幸い五人は役人に呼び止められることもなく、波止場からバッテーラ(小舟)に乗って沖合に待機している本船へ向かった。当時の規則では運上所より特別な許可を得た者以外は、冬は午後五時、夏は午後十時を過ぎると、上陸や離岸が許されなかったから、ガワー側は事前に届け出ていたのだろう。

漆黒の闇の中、船べりに寄せる波と櫓《ろ》の音が響く。「御用船」と書かれたノボリを掲げた船勤番の監視船が港内に目を光らせている。まもなく前方に黒々とした小型の蒸気船チェルスウィック号の姿が現われ、船室の灯りも見えた。

運上所の前さえ通り過ぎれば、これでひと安心かと思いきや、本船上にも監視の役人が待機していた。ガワーは素早く五人を石炭庫に押し込み、しばらく隠れているよう指示した。これは役人による出航前の船内査察だけでなく、浦賀にも船番所があり、昼夜を問わず航行する船を停止させ、積み荷や密航者の有無《うむ》などを厳しく吟味《ぎんみ》していたため、船長もこれら二カ所の関門を通過するまでは神経を尖《とが》らせていたのである。

役人は石炭庫まで探索することもなく、やがて下船して行き、出航の時間を迎えた。船は港を出ると南へ向かって走り、浦賀での船改めも問題なくクリアした。夜が白々と明ける頃には三浦半島突端の観音崎《かんのんざき》あたりまで進んでいた。船長からようやく五人に石炭庫から出てもよいとの許可が出た。彼らは甲板に出て潮風を胸一杯に吸い込み、大きく伸びをしながら（これでようやくイギリスへ行ける！）と安堵《あんど》した。

奉行所の監視

五人の若者たちの行動は神奈川奉行所の監視網に引っかかっていたと記す書がある。彼らと同郷の出身で、のちに海運業で大成功する光村弥兵衛《みつむらやへえ》の生涯を描いた『従六位光村弥兵衛伝』（中西牛郎著／以下『弥兵衛伝』）の中にこんな記述がある。

「運上所の調役（しらべやく）鈴木眞市氏より夜半頃、（弥兵衛に対し）突然呼び出しあるを以て、直ちに出頭せしに、鈴木、日比野両氏より君（弥兵衛）に告ぐるに、近日伊藤俊介（俊輔）、志路文太（志道聞多）、遠藤勤介（勤助）外壱人（ママ）が西洋人に扮装し、本目山（本牧山）にある横浜警衛邏卒の屯所に入り込み居り、近日出帆の英船ペンアイラ号に搭し、洋行する趣きを奉行より聞き込みたり。之れ国禁を侵せる容易ならざる事なり。その方（弥兵衛）は沖商にて広く外船（外国船）に往来するものなれば、只今より該船（その英国船）に赴き、日本人の乗船の有無を取糺し、復命すべし」

少し説明を加えると、光村弥兵衛なる人物は当時横浜で、「沖商」、つまり外国船に食料品をはじめ、船上生活に必要な物品を納入するシップチャンドラーと呼ばれる商売を営んでいた。したがって運上所から港内の外国船へ自由に接触できる特別許可を得ていたとみられる。

また横浜警衛羅卒とは、当時イギリスとフランスの両国が居留地に住む自国民の保護のため、現在の「港の見える丘公園」の地に置いた軍の駐屯地のことを指すと思われるが、両国軍が本格的に駐屯を開始するのは、彼らが出発したあとのことである。ただしイギリスの場合、前の年からすでに公使館付きの護衛兵五〇名ほどを駐留させていたというから、小さな屯所のようなものが設けられていたのだろう。

『弥兵衛伝』によれば、運上所は伊藤ら五人のただならぬ動きをキャッチし、外国船との折衝《せつしょう》に馴れている弥兵衛に偵察を命じたが、その際、もしこの命令に応じない場合は、今後当港において外国船への物品売り込みを許可しないから覚悟せよと、脅したようである。弥兵衛も商売の存続がかかっている以上、拒否するわけにもいかず、ただちに行動を起こした。

弥兵衛は五人が潜んでいるとされる船へ行き、船長に面会を求めたが、就寝中とのことなので、中国人のコックをつかまえて、日本人乗客の有無を尋ねた。すると男は八、九名の日本人が乗船しているが、その名前は知らないと答えた。だが弥兵衛はその時、甲板にある荷物に日本語の名札が付けられているのを見逃さなかった。

「其札には池田信濃守《しなののかみ》と記しあり。之れ兼ねて聞き及べる仏国に滞在中の民部卿《みんぶきょう》病気に付き、御見舞いに派遣さるる人々ならんと（弥兵衛は）察したり。此の時君（弥兵衛）は伊藤氏始め、他の四名の此の時、深川に潜み居るとを予知せるが故に、該船に乗組し居ざるを知れども、別に魂胆あるを以て、運上所に至り、該船に入り込み、捜索せし顚末《てんまつ》を物語り……」

ここに登場する池田信濃守とか、仏国滞在中の民部卿とは、誰のことを指しているのだろうか。この頃池田という名で、フランスへ向かった幕府の高官と言えば、第二次遣欧使節団、別名「横浜鎖港談判使節団」の正使を務めた外国奉行池田長発を思い浮かべるが、もし池田だとすれば、彼の受領《ずりよう》名は信濃守でなく、筑後守《ちくごのかみ》である。しかもその池田がフランス軍艦モンジュ号で横浜を出発したのは、長州ファイブが出発してから七カ月もあとのことである。

同様にフランス滞在中の民部卿と言えば、慶応三（一八六七）年開催のパリ万博に兄の将軍慶喜《よしのぶ》の名代として派遣され、長く現地に滞在した民部公子徳川昭武《あきたけ》のことを想起するが、もし昭武のことであれば、彼がフランスに向け、横浜を出発したのは、五人の出国から四年後のことだから、こちらも話の辻褄《つじつま》が合わない。

さらに五人が乗り込んだとされる「英船ペンアイラ号」は、密航本番で使われた船の名とは違う。

このように同書には事実と合致しない記述がいくつも散見され、信憑《しんぴょう》性に疑問が残る。この書物が出版されたのは彼らの密航から三〇年後であることを思えば、弥兵衛本人の記憶違いか、さもなければ著者の思い違いだった可能性がある。

ともあれ、そのあと弥兵衛は一応、捜索したふりをし、運上所の役人へは、伊藤らの姿を発見できなかったと報告したが、もとより五人が横浜にいないことを知ったうえでのことだったとしている。つまり弥兵衛は五人の密航計画を事前にキャッチしていたことになるが、仮に彼らを発見したとしても、同郷のよしみで、運上所の役人には告げることはなかったであろう。

ちなみに弥兵衛のその後の人生であるが、横浜で小商いをしばらく続けたあと、開港直前の神戸へ移り、ここを拠点として海運業に乗り出し、大成功をおさめる。やがて東の岩《いわ》崎《さき》弥《や》太《た》郎《ろう》、西の光村弥兵衛と称されるほどの大実業家になったが、その蔭には井上馨や伊藤ら長州閥の大物政治家の引き立てがあったことは言うまでもない。

ネイビーとナビゲーション

チェルスウィック号が五人を移送するのは上海までであったから、そこから先は別船に乗り継がねばならない。五月十八日、上海に到着すると、五人はジャーディン・マセソン商会の支店へ向かい、支店長にS・ガワーからの紹介状を手渡し、イギリスまでの船の手配を依頼する。

それにしても彼らを驚かせたのは、欧米諸国の租界が設けられ、数え切れぬ商船、戦艦が出入りし、賑《にぎ》わいを見せる国際貿易都市・上海の姿だった。これを見て井上馨はたちまち攘夷論を捨て去った。

「我が国人も攘夷の謬見《びゅうけん》（誤った考えのこと）を破り、開国の方針を執って進まねば、将来国運の隆盛は望むことは出来ないのみならず、却って自ら衰亡を招くことに至ら（ろ）う」

（『世外井上公傳』）

日本を発ってわずか数日にして、たちまち開国論者に転じてしまった井上の変わり身の早さに、他の四人も開いた口が塞がらなかった。

司馬遼太郎はこうした井上のみごとな「転向」ぶりについて興味深いエピソードを紹介している。それは維新後、ある人から井上は「あなたのように積極的な開明家がなぜ旧幕時代には攘夷家だったのか」と尋ねられた際、彼は苛立ち、その話題をおさえつけるような勢いで「あの時はああでなきゃならなかったんだ」と、答えたという話である。

（『街道をゆく神戸・横浜散歩、芸備の道』）

「ああでなきゃならなかった」というのは、なぜ、誰のためだったのか。おそらくそれは「変節漢」と思われるのを嫌った井上が、苦し紛れに発した言葉ではなかったか。

さて一〇日ほど待ち、ようやく乗船する船が決まったが、五人は一緒でなく、二隻に分乗するよう指示された。井上馨と伊藤は、三〇〇トンほどのペガサス号、他の三人にはホワイト・アッダー号という五、六〇〇トンのクリッパーが割り振られた。クリッパーとは植民地とイギリス本国を往復する貨物輸送用の快速帆船のことで、茶を運ぶ船はティ・クリッパー、羊毛を運ぶ船はウール・クリッパーと呼ばれた。

出航に先立ち、井上はジャーディン・マセソン商会の上海支店長から「何を学びに行くのか」と尋ねられ、「ネイビー（海軍）」と答えるべきところを、「ナビゲーション（航海術）」と答えたため、支店長は親切にも、それなら実際に体験させてあげようと、船長に航海術の訓練を施《ほどこ》してくれるように依頼した。

この誤解により二人は見習い水夫にされてしまい、来る日も来る日も甲板掃除や帆の上げ下ろしなどにこき使われたうえ、食事も船客用のものではなく、毎回判で押したようにビスケットと塩漬けの牛肉、それに最下等の砂糖の入った薄い紅茶という粗末なものだった。

（冗談じゃない！　オレたちは正規の乗船代を払った客だ。なぜこんな待遇に我慢せねばならないんだ！）

こう啖呵《たんか》を切りたくとも、二人の口から英語の言葉が出ず、悔し涙をのんだ。

何よりも辛《つら》かったのは、この船には水夫用の便所がなく、海上に突き出た横木の上で用を足さねばならないことだった。風浪が激しい時は転落せぬよう身体を縄で帆柱に縛り付けながら、横木の上に立つのは危険極まりなく、まさに命がけだった。伊藤などは航海中、雨水を飲んでひどい下痢に見舞われ、「あの時ばかりは筆舌に尽くせない苦しみを味わった」と、後年述べている。

ペガサス号は上海を出ると、インド洋を横切り、喜望峰を回って大西洋を北上したが、入港税と航海日数を短縮するため、目的地まで無寄港航海を続けた。ロンドン到着は九月二十三日午前八時、日本を出てから四カ月余りが経っていた。

二人は出迎えに来たジャーディン・マセソン商会の社員に案内され、市内のホテルに着くと、そこには上海で別れた三人の仲間たちがすでに到着していた。五人は航海の疲れを癒《いや》すと、ホテルから市内の下宿に移って勉強を開始し、基礎学力を身に付けたのち、ロンドン大学ユニバーシティ・カレッジで、それぞれ専門分野を学ぶことになった。この頃、五人のうちで最も早く開国論者に転じていた井上以外の四人も、大英帝国の都の繁栄ぶりを目《ま》の当たりにして攘夷の考えをきっぱり捨て去っていた。

ところが彼らのロンドン生活が半年を過ぎたある日、井上と伊藤は英米仏蘭の四カ国連合艦隊が近々、下関攻撃を計画していることを『ロンドン・タイムス』の記事で知り、飛び上がらんばかりに驚く。世界最強の経済力と軍事力を持つイギリスを巨象に譬《たと》えたら、日本などネズミのようなものだからである。他の三国にしても活発な海外交易によって国を富ませ、近代的な軍備を整えている。これら列強が束《たば》になって攻撃を仕掛けてくれば、長州藩などひとたまりもない。

二人は何としても事の重大さを藩主以下、上層部に伝え、戦争を回避させねばと、急きょ帰国を決意し、元治元（一八六四）年三月中旬（陽暦四月）にロンドンを離れた。他の三人も帰国を希望したが、井上がおしとどめた。二人が横浜に戻ったのは六月十日、下関戦争が勃発する約二カ月前のことである。

長州五傑

ロンドンに残った三人のうち、山尾庸三は造船業の盛んなスコットランドのグラスゴーへ移り、昼間はネピア造船所の見習工として働き、夜はアンダーソンカレッジ（現ストラスクライド大学）で造船理論を学んだ。野村弥吉はロンドンに留まり、鉄道や鉱山学を学び、山尾とともに明治元（一八六八）年十一月、五年半ぶりに帰国する。

いったん、二人は郷里に戻ったあと、新政府の求めに応じて上京するが、その後は別々の道を進む。山尾は工部省の設置を強く主張して実現させる。生涯を工業の発展に捧げたことから、のちに「日本の工業の父」と呼ばれた。野村弥吉は帰国後、井上勝を名乗り、先に触れたように鉄道の発展に尽力したため、「日本の鉄道の父」と呼ばれる。

貿易や経済学を学んでいた遠藤は肺病を患い、山尾らより一年早く慶応二（一八六六）年に帰国している。一説には学業が思うように進展しなかったためともいわれる。しかしその後は大蔵省に出仕して近代的な貨幣制度の導入に取り組み、造幣局長を務めたことから、こちらもまた「日本の造幣の父」と呼ばれる。大阪の春の風物詩として知られる造幣局の「桜の通り抜け」は明治十六（一八八三）年、時の局長だった遠藤の発案により始まったという。

一方、伊藤博文は言わずと知れたわが国の初代総理大臣を務めたことから「日本の内閣の父」、井上馨も伊藤内閣のもとで初代外務大臣に就任したことから「日本の外交の父」などと、それぞれ呼ばれる。

このように密航留学の先駆者とも言うべき「ファイブ」は、時に藩閥政治の元凶などと言われながらも、近代日本の黎明《れいめい》期にそれぞれの分野で先駆的な働きをしたのは紛れもない事実で、その意味では彼らを「五傑」と呼んでもよいだろう。

氏名と行き先を偽装、薩摩藩士の大量密航（イギリス）

海外留学構想

「われらこそ日本最初の欧州留学生なり」と胸を張り、薩摩藩の若者たちが北薩摩の串木《くしき》野《の》郷羽島浦《はしまうら》（現在の鹿児島県いちき串木野市）からイギリスをめざして船出して行ったのは、元治二（慶応元年・一八六五）年三月二十二日のことである。この時、彼らは自分たちの向かう先で、よもや他藩、とりわけ禁門の変以来、仇敵の間柄である長州藩の若者たちが学業に励んでいようとは思いもしなかった。

歴史に「もし」はタブーだが、島津斉彬がもう少し長生きしていれば、薩摩藩は幕府を含め全国諸藩の中で、最も早い時期に海外へ留学生を送り出した先進的な藩という栄誉を手にしたことだろう。開明的な藩主として知られた斉彬は安政四（一八五七）年八月に、藩内の優秀な若者たちをイギリス、アメリカ、フランスの三国へ順次留学させるという構想を固め、二年後にスタートさせることにしていた。ところが翌年、急死したため、この話はいったん沙汰止みとなる。

それから六年後の文久三（一八六三）年夏、生麦事件の戦後処理をめぐって薩摩藩とイギリスとの間で、武力衝突（薩英戦争）が起こる。戦いを通じ、西洋列強の底力を思い知らされた薩摩藩は一転して開国へと大きく舵を切り、海外と積極的な交流をめざすことになった。そこに再び留学生派遣の話が浮上する。

その旗振り役を務めたのが、開明的思考と卓越した商才で知られた五代才助《ごだいさいすけ》（友厚《ともあつ》）である。五代は薩英戦争の際にイギリス海軍の捕虜になるが、戦争終結後、乗っていたイギリス艦が横浜に着いた時、脱走し、上陸する。しかし藩内過激派から「恥知らず」とか「卑怯者」と呼ばれ、命をつけ狙われることになったため、江戸や武州熊谷《くまがや》（現埼玉県）の知人宅にしばらく身を隠し、ほとぼりが冷めた頃、長崎に潜入した。

そこで五代はのちの人生に大きな影響を与えるイギリス商人グラバーと出会う。グラバーは五代に最新の海外情勢を伝え、欧米諸国が産業を興し、交易を活発に行なうことによって富を蓄え、武備に努めていることを教えた。

やがて藩から過去の行状について許しが出ると、五代は早速動き出す。元治元（一八六四）年、藩の富国強兵を実現するため、藩の交易拠点を幕府の管轄下にある長崎でなく、上海に置き、自藩の特産品を各国に売り込むべしという大胆な提言を藩上層部へ上申する。この五代の発想は二年前、幕府派遣の上海貿易視察団の船に水夫として潜り込み、各国の商船で賑《にぎ》わう現地の繁栄ぶりを見聞した経験から生まれた。五代は交易によって得た利潤で機械を買い、殖産事業を興し、軍事力を強化し、有為な人材を海外へ派遣して学ばせようと考えたのである。

藩当局は五代の諸提案のうち、藩士の海外留学を最優先で取り組むこととし、その第一弾としてイギリスへの派遣を決める。藩主島津忠義からの裁可はすぐに下りたが、国禁を犯すことになるため、留学生たちの渡航は長州ファイブ同様に藩主の黙許ということにした。

渡航に関してはグラバー商会に全面的な協力を仰ぐこととし、細かな詰めの交渉は五代と、少し遅れて長崎入りした松木弘安《まつきこうあん》（のちの寺島宗則《てらじまむねのり》）の二人が担当することになった。また学資を含め諸費用についてもグラバーが保証人となり、ジャーディン・マセソン商会の協力を取り付けることでまとまった。

「グラバーは留学生の派遣にあたり、ジャーディン・マセソン商会と交渉し、当面の経費として二万ドルの信用状の発行と、さらに滞在費や授業料、ヨーロッパでの武器や機械の購入などについて薩摩藩がふりだす七～一〇万ドルにのぼる手形をロンドンのマセソン商会が買い取り、それを長崎で薩摩藩が支払う手はずをととのえるなど、薩摩藩のために便宜をはかった」

（『明治維新とイギリス商人』杉山伸也著）

これだけの出費に堪《た》えられるのだから、当時の薩摩藩は琉球貿易や他藩との取引を通じ、強固な財政基盤を築いていたということである。

人選難航

留学生の人選は家柄、年齢、能力、思想などをもとに進められ、軍事と洋学を教える藩のエリート養成機関「開成所」で学ぶ一〇代から二〇代初めの俊英たち一六名が選ばれた。この中には土佐藩出身の高見弥市《たかみやいち》という変わり種も含まれていた。

高見は土佐時代、大石団蔵《おおいしだんぞう》と名乗り、土佐勤王党の仲間とともに土佐藩参政吉田東洋《よしだとうよう》の殺害に関わった。その後、追手から逃れるため京都へ行き、長州藩邸に身を潜《ひそ》めたあと、薩摩藩士奈良原喜八郎《ならはらきはちろう》（繁《しげる》）の養子となって鹿児島へ移り住み、島津家の家臣となった。

また留学生のほかに新納刑部《にいろぎょうぶ》、五代才助、松木弘安、それに通訳の堀壮十郎《ほりそうじゅうろう》の四名が視察員（外交使節）として加わることになり、総勢は二〇名になった。元治二（一八六五）年一月十八日、家老の桂右衛門から全員に辞令が交付され、派遣団の総責任者には三三歳の新納が、留学生を束ねる学頭には二七歳の町田民部《まちだみんぶ》がそれぞれ任じられた。なお町田家からは民部のほかに三人の弟たち、あわせて四人が留学生に選ばれた。

ところがこれで一件落着というわけにはいかなかった。翌日になって選ばれた留学生の中から渡航辞退を申し出る者が現われたからである。彼らはいわゆる「門閥派」と呼ばれ、いずれ家老など藩の要職に就く可能性のある名門一家出身の畠山丈之助《はたけやまじょうのすけ》、島津織之助《おりのすけ》、高橋要《たかはしかなめ》の三名で、いずれも急進的な攘夷論者であった。

そこで国父と呼ばれた藩主忠義の実父である久光《ひさみつ》がじきじき彼らの説得に乗り出すことになった。作家の林望《はやしのぞむ》は『薩摩スチューデント、西へ』（以下『薩摩スチューデント』）の中で、久光の畠山への説得シーンを次のように薩摩弁を用いて描いている。

「こん度の留学生渡海の挙に当たっては、もし異国かぶれのものばかり参っては、いかなる不行き届きが出来せぬものとも限らんぞ。そうではなかか。となると、ここはどげんしてもそんほうのような、家格しかるべく、しかも忠義愛国の心篤しき者に行って欲しいのじゃ。そうして、そん心をもて一同をよく監督しつつ、同時にまた、夷狄の国の良きところ悪しきところをとくと見て参れ。そいを帰っての後にわが薩摩のために役立ててもらいたか。この、わが切々の思いがそんほうには分からんか。どげんか」

藩庁は開明的な者たちばかりでなく、あえて攘夷派からも選抜し、留学を機に頭を切り替えさせようとしたのである。したがって辞退を申し出る者が現われるのは初めから織り込み済みであった。三名の中で畠山だけは久光の説得を受け入れて翻意《ほんい》し、渡航に同意したが、島津と高橋の両名は頑として応じなかった。それればかりか二人は久光へ向かって「国禁破りの渡航が、もし幕府の察知するところとなった時は、いかがなされるご所存か」と、反問した。

答えに窮《きゆう》する久光は、結局「そんほうたちはもうよか」と、二人の説得を諦め、別の者に差し替えるよう事務方に指示した。藩庁は急きょ村橋直衛《むらはしなおえ》と名越平馬《なごしへいま》に渡航を命じた。こうして派遣メンバーの決定は出発直前までもつれた。

この頃、長崎にいた五代と松木の二人は、グラバー側と渡航手続きや船便の手配など最後の準備に追われていた。

カムフラージュ

藩庁は出発を前に、幕府の目を欺《あざむ》くため、二つの偽装工作を行なった。その一つは全員が変名を用いることであった。新納刑部は（石垣鋭之助）、町田民部は（上野良太郎）、畠山丈之助は（杉浦弘蔵）、五代才助は（関研蔵）、松木弘安は（出水泉蔵）などといった具合である。これらの変名は藩主から与えられ、もし密航が発覚した場合、それぞれがこの名を使い、脱藩者を装うことになっていた。

実名、変名についてはこんなエピソードがある。市来勘十郎《いちきかんじゅうろう》は松村淳蔵という変名を用いることになったが、彼は明治以後もずっと変名で通し、子孫も「松村姓」を踏襲《とうしゅう》した。松村はイギリスからアメリカへ渡り、日本人として初めてアナポリス海軍兵学校を卒業したのちに帰国、以後海軍一筋に歩み、海軍中将や海軍兵学校長として活躍した。

また最年少の一三歳で留学生に選ばれた磯永彦輔《いそながひこすけ》も、変名の長沢鼎《ながさわかなえ》のほうが有名になった。磯永もイギリスからアメリカへ渡り、のちにカリフォルニア州・サンタローザで葡《ぶ》萄《どう》栽培に大成功し、「葡萄王」とか「ワイン王」、あるいは「バロン・ナガサワ」などと呼ばれた。二人とも変名が実名として定着してしまった典型的なケースである。

もう一つのカムフラージュは行き先である。藩庁は一行の派遣先をイギリスではなく、甑島《こしきじま》や大島（奄美《あまみ》大島）など藩内の島々とし、目的も「出張守衛」、つまり警備活動のためであるとした。

町田民部の末弟である清蔵《せいぞう》（清次郎・のちの財部実行）は後年、講演の場で、辞令にまつわるエピソードを次のように披露している。

「（藩庁から呼び出しがあり）登城して見ると、時の家老川上龍衛という者より辞令を受取りました。其辞令はこう書いてありました。『町田清次郎右者御手許御用之有大島渡海仰付られ候事、但し扶持として五石八斗下し置かれ候事月番家老龍衛』とあり、此の辞令を貰って来て親に見せ、私が云う事に、『御とと様（お父上）、大島と云う所は咎人（罪人）が遠島、即（すなわち）島流しする所に（行くのは）はいやです』と云うに、父が云うに『否とよ（それは違うぞ）、此の節の大島は咎人扱い（の島）ではない、実は（藩主様が）あの島に天下に内しうで（内密に）和蘭人（オランダ人）を御雇いになって学校を御立て（お建て）になり、其の書生に行くのだ、貴様独りでは（なく）、今日の御用状（辞令）を受けた人は沢山の人だ、心配するな』。父は英国に密航の企（て）は知りおるも極々密事に付、親族にも漏らさざる事なりし」

（『財部実行回顧談』財部実行述）

清蔵の場合、辞令を交付したのは、桂右衛門ではなく、同じく家老の川上龍衛だったようだ。

また清蔵は藩領の島々への派遣ということが、いかにも初耳だったかのように述べているが、留学生たちに対しては事前に「イギリス行き」が伝えられていた。おそらく清蔵は父親が息子たちの行き先についてどのように理解していたのかを確かめようとして、あえて尋ねたのであろう。

ところで留学計画を推進した五代は、初めから一行の出発地を長崎ではなく、藩内の港と決めていた。

「一行の出発に際し、長崎より乗船することは、或は幕吏の知る所となるべきを恐れ、君

（五代）は密かに英商ガラバ（グラバー）に談じ、同人所有の香港行き汽船を薩摩串木野郷羽島へ寄港せしむることとし……」
（『五代友厚伝』五代龍作編）

おそらく五代と藩庁の間ではこんなやりとりがあったのだろう。

（五代）
「出発地は奉行所による監視の厳しい長崎を避けて、わが領内の羽島浦にしようと思うが、どうだろうか」

（藩庁）
「賛成だ。一人や二人ならいざ知らず、二〇人もがまとまって長崎から異国船に乗り込むとなれば、いかにも目につきやすい。羽島浦沖は長崎と香港を結ぶ異国船の航路にもなっているというから、長崎から羽島浦に立ち寄って、一行をピックアップすれば、そのまま香港へ直行できる。留学生への辞令は離島警備ということにしておけば、城下から島へ渡る船の出港地である羽島浦まで移動するのも不自然なことではない」

（五代）
「わかった。よもやあそこなら幕府の密偵に嗅《か》ぎつけられることもないと思うが、念のため出航までは周辺の監視と警備に万全を期《き》してもらいたい」

（藩庁）

「そうだな。浜に通じる道路はよそ者が入り込まぬよう、目を光らせておこう」

羽島浦は鹿児島城下から北西へ約三〇キロ、東シナ海に面したひなびた漁村で、はるか沖合に甑島を望む風光明媚《ふうこうめいび》な地である。

羽島へ移動

一月二十日、一行は出発の日を迎える。辞令交付からわずか二日後という慌《あわ》ただしさだった。この日の天気は晴れ、早朝、留学生らは鹿児島城下の新納刑部の屋敷に集まり、七時過ぎに出立した。

一行は城下を離れると、参勤交代にも使われる出水《いずみ》街道を北へ進み、途中伊集院《いじゆういん》（現日《ひ》置《おき》市）の妙円寺《みようえんじ》という禅寺に立ち寄り、参拝する。ここは関ヶ原の合戦で薩摩軍を全滅の危機から救ったとされる島津家一七代藩主義弘《よしひろ》の菩提寺で、彼らはここで「武運を祈った」としている。見知らぬ異国へ乗り込むことを戦さに見立て、首尾よく戦果ならぬ成果を挙げて帰りたいものと思ったのだろう。その日は午後四時頃、苗代川《なえしろ》（現日置市）に着き、宿泊した。

翌二十一日は朝八時に宿を出発、市来港まで来て昼食、その後同港から船に乗り、羽島浦へ向かい、明るいうちに同地に到着、藤崎龍助と川口成右衛門という二軒の家に分宿した。藤崎家はこの村でただ一軒の商人宿だが、ここに全員を収容しきれぬため、網元の川口家にも一部の者が宿泊することになった。

以後、彼らはここで迎えの船を待つことになるが、さすがに開成所の英才たちは早速翌日から勉学を始める。彼らには藩庁から予《あらかじ》め留学先で専攻すべき学問分野がそれぞれ割り振られていた。

「翌日より中村宗見《なかむらそうけん》に英蘭の会話編を習うことにいたしましたが、（羽島浦に）居る事三十余日で、その間に英語の片言を覚えました」

（『財部実行回顧談』）

中村宗見は長崎に遊学して英学を学び、またオランダ人医師のボードイン門下の医者でもあった。

彼らは勉学を続けながら迎船の到着を待ったが、この間、思いもしない悲劇が起こる。留学生の一人で、町田民部の弟猛彦《たけひこ》（二一歳）の突然死である。

「羽島滞在がだんだん長引いて、ひと月も経ったころには、猛彦の挙措言動はますます平衡を失って手が付けられなくなった。彼の神経はこの幽閉のような生活に疲弊して正常から異常への一線を越えたのである。

（中略）

みな寝静まった暁闇のなかで、猛彦はその日も眠らずになにかを呟き続けていたが、やがて刀を摑《つか》むと、そのまま漆黒の闇のなかへ飛び出して行った」

（『薩摩スチューデント』）

猛彦の死因は今もって不明である。藩庁も事前に留学生らの健康状態を摑んでいただろうし、鹿児島城下を出る時点で、もし猛彦の身心に異常があったのなら、取り止めさせていたであろう。前出の林望は猛彦が発狂し、磯の岩場から飛び降り、岩角に頭を強打して死亡したと記している。

新納の指示で、猛彦は重病により自宅へ戻ったということにし、不問に付された。大事決行の前に不祥事発生は好ましくないからである。遺体は秘密裏に鹿児島城下へ運ばれ、葬《ほうむ》られた。これによって留学生は一名減り、一五名になった。

羽島暮らしが長くなるにつれ、猛彦ならずとも、さすがに待ち疲れから、若者たちの間に苛立《いらだ》ちが高じてきた。長崎の五代からグラバー船の出航が遅れる旨の連絡は届いてはいたが、誰もが毎日、今日こそはと祈るような思いで沖を眺め続けた。

なぜこれほど待たなければならなかったのか。その理由について『薩藩海軍史』には「留学生一行二ケ月便船を待ちしは、欧州行汽船の都合宜しからざりしに依る」と、短く記されている。

彼らはグラバーの船で香港まで行き、そこからイギリスP&O汽船でヨーロッパへ向かうことになっていた。当時まだスエズ運河は完成していないから、香港から乗り継ぐ船はスエズまでで、そこから汽車で地中海岸のアレクサンドリアへ出て、再び船に乗り換えることになる。香港とスエズを結ぶ適当な便船が二カ月もの長い間、なかったというが、果たしてそうだろうか。

迎船来《きた》る

三月十九日の午後八時頃のことである。羽島浦の沖合に一隻の蒸気船が到着し、エンジンを停止した。静かな入江は水深が浅く、岸辺まで船を進めることができないためである。船は長崎から五代、松木、堀の三名を運んで来た薩摩藩所有の雲行丸《うんこうまる》である。ランチが下ろされ、五代らが乗り移ると、浜辺に向かってすぐに動き始めた。

浜辺には派遣団の総責任者である新納ら幹部が待機して、三名を出迎えた。岸に上がった五代はまず傍らの堀を仲間たちに紹介した。堀は薩摩藩士ではなく、長崎出身の英語通詞で、五代に乞われ、外交使節の一員として一行に加わることになった。

五代は新納にいよいよ明後日、グラバーの船が迎えに来ることを告げ、船に積み込む食料として米と橙《だいだい》などの手配を明日中に終えるよう要請した。米と橙とは妙な取り合わせだが、これは五代が上海に渡航した際の経験によるものだった。つまり西洋の船には日本人の主食の米を積んでいないから難渋すること、また橙は船酔いした時、口に含むと、清涼感を覚えるからというのが、その理由だった。

事実、五代の配慮は的を射ており、市来勘十郎も出航後の日記に次のように書いている。

「いまだ西洋の食事になれず、味ある物は橙に米計り（ばかり）にて、豚牛の類はとんとすぐれず」

（『松村淳蔵洋行日記』）

翌二十日、新納は藤崎家の大広間に全員を集め、明日、迎えの船が来ることを伝え、荷造りや身仕度に取り掛かるよう指示した。留学生たちは色めき立ち、ついに待ちに待った外国へ向かう時を迎えた喜びを満面に表わした。この時、五代より学生たちにブランケット（毛布）なるものが一枚ずつ配布された。

翌日の午後のことである。遠見番所の役人が息せき切って、新納らの滞在している藤崎家に駆け込んで来た。

「申し上げます。たった今、沖合に火車船（蒸気船）が見えました。ご城下へ飛脚を立てましょうか」

遠見番所とは藩が海岸線沿いの高台に設置した不審船の見張り小屋のことで、役人は異国船を発見したら、ただちに鹿児島城下まで飛脚を立てて報告することが義務付けられていた。彼らも羽島に滞在している藩士一行の行き先は藩領の島々で、ゆめゆめ蒸気船で外国へ向かうとは思っていなかったから、お伺いを立てに来たのである。

役人からの報告に町田民部は落ち着いて「その件についてはご家老（新納）とも相談して処理するから、飛脚を立てるには及ばない」と、答えた。

午後三時頃、三本マストの小型蒸気船が羽島沖に姿を現わした。グラバー商会所有のオースタライエン号（オーストラリアン号）である。この頃の蒸気船はまだ蒸気機関の性能も低く、帆走装置の補助機関に過ぎなかった。したがっていわゆる「帆主汽従」の状態で航行していた。

「異国船来《きた》る」の報はたちまち浜の集落の中に伝わり、留学生や村人が続々と浜に集まって来た。そこへ沖の船から下ろされたランチが到着し、見たこともない金髪の男が現われた。五代はライル・ホームという男を新納や町田民部らに紹介した。ホームはグラバー商会の番頭で、今回グラバーがわざわざ一行の世話役として同行を命じたのである。
町田清蔵は初めて異国人を目にした時のことを次のように語っている。

「其の翌日に大黒船《おおくろぶね》の蒸気船が入港しましたが、是が私を乗せて行く向い船（迎え船）で、是は長崎の寄留英国商人の『ガラワ（グラバー）』と云う人の持船で、是に吾等を案内する『ガラワ』の手代、同英国人で『ホーム』と云うものが乗組居りまして、生れて始めて異国人を見る事で殊に私は小児の事であり、おそろしき様な心地がしました」
（『財部実行回顧談』）

おそらく異国人を間近で見て驚いたのは、一五歳の清次郎ばかりではあるまい。風貌のみならず、片言の日本語まで口にしたのだから、なおのことである。

異国へ

浜と本船との間を伝馬船が何度も往復して荷物の積み込みが行なわれた。この間、留学生たちは宿の主人の用意した酒を酌み交わしながら別れを惜しんだ。いよいよ異国へ向かうのだと気分は高揚していたものの、国禁を破って脱国するという緊張感は見られなかった。これも領内からの出発だからであろう。この頃、事前の打合せ通り、浜に通じる道路には警備の者が配置され、不審者の侵入に目を光らせていた。

若者たちの二カ月にもおよぶ逗留《とうりゆう》は、現在で言えば、さしずめ学生の長期合宿のようなものであった。宿の一家や村人たちともすっかり昵懇《じつこん》になっていた。彼らに別れを告げ、沖の蒸気船に乗ってしまえば、しばらく薩摩の地に帰ることもない。あるいは二度と祖国へ戻れないかも知れない。別れの 盃《さかずき》 を重ねるにつれ、若者たちの胸にはさまざまな想いが去来し、ある者は感傷的な、またある者は自らを鼓舞《こぶ》するような歌を詠んだ。

(市来勘十郎)
花ならぬ　影も匂ひて　羽島浦　更にゆかしき　今日にもあるかな

ますら雄の　たけき心を　振りおこし　出行く姿　雄々しかりけり

（畠山丈之助）
かかる世に　かかる旅路の　幾たびか　あらんも国の　為とこそ知れ
梓弓　ここ路の限り　ひきしぼる　おもう道をば　神も助けよ

（吉田巳二）
天にかける　たつの羽島も　今はとて　風に任せん　時は来にけり

ホームは出航を前に船内の規則などについて船長と打合せを行なうので、まず新納、五代、堀、松木らに本船へ乗り込むよう促した。
畠山のこの日の日記を見てみよう。

「八ッ半時分（午後三時）に成りぬらんに、蒸気船羽島え（へ）渡り来、早速石垣氏（新納）先に被乗込候、尚松木、堀抔（など）も乗込、暫（しばらく）有て学頭はじめ、我々共にも英船より艀乗付、別に雇候舟ニ荷積抔（など）も相済候へども、今晩丈（だけ）

は羽島浦え（へ）滞船之筋ニ相成候」

（『畠山義成洋行日記』西村正守著）

やがて留学生たちの乗船時間となり、次々と伝馬船で沖の本船へ向かい、午後四時頃までに全員が乗り移った。

オースタライエン号には船長以下七三人の船員が乗り込んでおり、このうち三〇人余りが中国人であった。

「刀は大小共に箱に入付、今日より無刀似て候」（市来勘十郎）

「刀を箱詰めにいたし積み込み」（町田清蔵）

船長の指示により航行中、無用な刃傷沙汰を避けるため、各人の大小はすべて回収され、箱の中に保管された。武士の魂とでも言うべき刀を取り上げられ、中には承服できないと、五代に詰め寄る者もいた。

この夜、船は動かず、翌二十二日の払暁《ふつぎょう》五時、汽笛一声を鳴らし、羽島浦を離れた。

岸辺では別れを惜しむ村人たちが手を振って若者たちの壮途を見送った。
一行の出発から一世紀半を経た平成二十六（二〇一四）年七月、この地に「薩摩藩英国留学生記念館」がオープンし、ゆかりの遺品などが展示されている。

攘夷のむなしさ

日本を出る時、刀を取り上げられたうえ、ほとんどの者が髪を切り、サムライ姿ときっぱり決別した。磯永彦輔がこう語っている。

「私と町田清蔵（清次郎）は、羽島で船に乗る前に髪を切ったが、五代才助と寺島藤助（松木弘安）と堀壮十郎と家老の新納刑部の四人は切らなかった。すぐ日本へ帰ることになっていたので、切らなかったのである。その他の留学生は船中で切ったり、香港で切ったりしたが、香港を出て英国に向かうときには、この四人以外は皆ザンギリ頭になっていた」
（『長沢鼎翁伝』鷲津尺魔著／門田明口語訳）

香港でイギリス郵船P＆O社の蒸気船に乗り換え、シンガポール、ペナン島、ガール

（現スリランカ）を経てボンベイ（現ムンバイ）着。途中に立ち寄ったシンガポールでは、オランダ人夫婦が別れを惜しんで長々とキスを交わし続けるのを見て、誰もが目を丸くし、市来は「我が輩はかかる事は初めて見たることにて驚嘆して居し」と、日記に書いた。

ボンベイで二度目の乗り換えをし、アデン（現イエメン）を経て、五月十五日の早朝、スエズに着いた。

地中海に面したアレクサンドリアへ向かう汽車の出発は深夜になるというので、その間を利用してスエズ運河の開削現場を見学することにした。案内役のライル・ホームに引率された五代、堀、畠山ら七人は猛烈な暑さの中、ラクダの背に揺られ、八キロほど離れた工事現場へ向かった。

工事開始から七年目を迎えた現地では炎天下のもと、肌の浅黒い人夫たちが黙々と熱砂を掘り起こし、運び出していた。この時点で溝は幅一五、六メートル、深さ五メートルまで掘り進められ、両岸は絶壁のようにそそり立っていた。

イギリスで築城学を学ぼうとしていた畠山が目を見張ったのは、土木工事の規模の大きさもさりながら、蒸気機関を用いた浚渫《しゅんせつ》機や掘削機など最新技術が投入されていることだった。夷狄《いてき》と蔑《さげす》んでいた国が、これほど進んだ科学技術をもっていたとは、畠山は西洋諸国との国力の差を率直に認めざるを得なかった。

スエズからカイロを経由して地中海に面したアレクサンドリアまでは、イギリスが一八五八年に完成させた全長約四二〇キロの鉄道を使って移動した。生まれて初めて乗った蒸汽車は一時間に一七里（約六八キロ）も走ると聞いて、市来勘十郎は「その早きこと疾風の如し」と書いている。

アレクサンドリアから最新鋭の豪華客船デルファイ号に乗り、地中海を西へ向かった。短時間寄港したマルタ島のヴァレッタでは一〇人ほどが上陸し、イギリスの手で改造された要塞島を馬車で見て回った。ここでも畠山は海上からの外敵侵入に備え、島の周囲は言うに及ばず、内陸部にまで二重三重に堅固な防御装置が施されているのを見て、これに比べたら薩摩の台場などはまるで子供騙《だま》しのようなものと思うのであった。

イギリスの底力に度肝を抜かれたのは、畠山ばかりでない。五代才助さえも藩庁へ送った手紙で次のように書いている。現代語訳する。

「地中海のマルタ島に到着、初めてヨーロッパの進んだ国情を目の当たりにし、我が身の知識の乏しさから、これまで幼稚な意見を口にしていたことを恥じ入り、慨嘆《がいたん》しております。日本から遠く離れるにつれ、次第に愚かな考えも変わりつつあり、このように日々勉強をする機会を与えていただいたことに感謝している次第です」

まさに聞くと見るとでは大違い、五代もこれまで頭の中だけで考えていた対西洋観を根本から修正するとともに、同行の留学生たちの間にも意識の変化が芽生えつつあることを喜んでいる。早くも留学の効果が現われ始めていることは、五代にとってわが意を得たりであった。

さらにジブラルタルでも、イギリス軍が海に突き出た小半島の岩山を全山要塞化しているのを見て、皆、言葉を失った。マルタと言い、ジブラルタルと言い、地中海の東西に軍事拠点を築き、海上覇権を確立しているイギリス、よくもこのような軍事大国と干戈《かんか》を交えたものと、誰もがその無知と無謀さを恥じた。攘夷主義者は一気に開明派へと転じ、開明派はより深く西洋事情を学びたいと思うようになった。

イギリス・サザンプトン到着は五月二十八日未明、羽島浦を出てから六六日後のことで、当時としては順調な旅であった。一行は港近くのホテルで夕方まで休息したあと、汽車でロンドンに入り、ケンジントン公園近くの「ケンジントンホテル」に旅装を解いた。

翌日、ホームが手配した洋服屋、理髪屋、時計屋がホテルに来た。まず五代、堀、新納の三名を除く一六名の髪を現地風に調髪してもらう。次は洋服の仕立てで、これは全員が採寸してもらい、仕上がりを待つことになった。時計は金の鎖の付いた銀時計が全員に買い与えられた。

ひと月後、やっと洋服も仕上がり、幼い町田清蔵もリトル・ジェントルマンに変身して早速、町に出た。

「新しき服に『シルクハット』、胸に金鎖をひらめかし、立派な紳士となり、始めて市井に出まして……」

（『財部実行回顧談』）

その後の留学生活について松木弘安が次のように記している。

「竜動（ロンドン）に至り、一屋を借り同宿し、大学校（ロンドン大学）化学教師ウィルレムソン（ウィリアムソン）の監督を以て、二名の読書師（語学教師）をして教授せしむ、宗則（自分）は之に属して竜動に駐り、新納、五代は英語通弁堀壮十郎及びホームを携へ、英国中の名所及び仏国、比義（ベルギー）等を巡回して、竜動に帰る。生徒初めは皆同居なれども、後は分れて二名ずつ英人の家に寓す」

一行のうち、新納や五代ら五名はホテル住まい、一一名はウィリアムソン教授が手配したロンドン大学の六人の教師宅に分かれて下宿、中村宗見と田中静州《たなかせいしゅう》の二名はフランスでの医学研修のためにロンドンを離れ、最年少の磯永はスコットランド・アバディーンにあるグラバーの実家に預けられ、学ぶことになった。もう幕府の目を気にせず勉強に打ち込めると、誰もが思った。

殿の腹芸で密航成功　佐賀と広島の藩士三名（イギリス）

慶応元（一八六五）年十月（陽暦十二月）、幕府から信任の厚《あつ》い肥前佐賀藩からも密航者が出る。石丸虎五郎《いしまるとらごろう》（安世《やすよ》）、馬渡八郎《まわたりはちろう》の二人で、これに安芸《あき》広島藩の野村文夫《のむらふみお》（村田《むらた》文夫）が同行した。

この密航計画を主導したのは石丸である。安政五（一八五八）年五月、二五歳の石丸は馬渡らとともに幕府が三年前に開設した長崎海軍伝習所へ藩から派遣される。ここでオランダ人教官から造船・航海術、物理、化学などを学ぶが、石丸はすでに安政元年（一八五四）、佐賀藩の蘭学寮で洋学に接していた。

英学修業

石丸は海軍伝習所で学ぶかたわら、通詞の三島末太郎《みしますえたろう》宅へ通い、英語の指導を受ける。この頃になると、石丸に限らず、長崎で伝習を続けている者たちの間では、これから世界に通じる言葉はオランダ語でなく、英語であるとの認識が急速に広まっていた。

こんな話がある。福沢諭吉《ふくざわゆきち》が安政六（一八五九）年、開港したばかりの横浜へ出掛けたところ、商店の看板や商品の文字を見てもさっぱり理解できず、それまで学んでいたオランダ語が何の役にも立たないことを知り、愕然《がくぜん》とする。そこに記されていたのはすべて英語で、もはやオランダ語は時代遅れの言語であると痛感した福沢は、この日を境に英語に切り替えることにした。

海軍伝習所の課程を終えたあとも、石丸と馬渡は藩から引き続き英学修業という名目で長崎在留を命じられ、語学研修だけでなく、海外情報の収集や人脈作りなど幅広い任務が課せられた。

このうち語学の才がある石丸は長崎滞在が長くなるにつれ、英語力に磨きがかかり、外国人も舌を巻くほど長足《ちょうそく》の上達ぶりを見せた。

同じ佐賀藩士の久米邦武《くめくにたけ》は「長崎に石丸という英語の遣い手あり」との評判が、当時江戸にまで伝わっていたと証言している。

「余の帝国大学教授たりし時、学長外山正一《とやままさかず》が余に語り『貴藩の石丸安世君が、文久の頃、長崎に英米の私貿易を始め、英語を好く（よく）せるを以て、外人の信用を得て、其の勢い素晴しく、諸藩は皆其の鼻息を候したものであったが、明治維新の後に音もないのは如何に』といわれた」

（『久米博士九十年回顧録』）

東京帝国大学の学長を務めた外山は旧幕臣で、若い頃から英才を謳《うた》われ、石丸らが密航した翌年、幕府派遣のイギリス留学生に選抜されている。二人の在英期間は重なるから、あるいは顔を合わせる機会があった可能性もあるが、外山が明治以降、電信分野で顕著《けんちょ》な活躍をした石丸のことを承知していなかったとすれば意外である。

外山の言うように、長崎時代の石丸は自藩ばかりでなく、武器や洋船の購入のためにやって来る他藩の者たちから、外国商人との商談の場に通訳として駆り出された。グラバーなども石丸が介在してくれるなら安心と、その英語力に全幅《ぜんぷく》の信頼を置いていた。

石丸にとって通訳業務は相応の謝礼を頂戴《ちょうだい》できるばかりでなく、各藩の機密にも接することができるのだから、一石二鳥のまさに〝おいしいアルバイト〟であった。大隈重信《おおくましげのぶ》は、懐《ふところ》豊かな石丸がしばしば長崎一の花街である丸山へ繰り出していたと述べている。

「石丸は英学に長じ、会話も達者であったから、長崎商人と外人との間に立って貿易の仲介をする為に、其コミッションを受けて懐は裕（豊か）である。そこで此先生（石丸）は甚だ道楽、昼はとにかくおとなしくして居るが、夜になると丸山に行く。とうとう謹厳に構えて居る副島《そえじま》先生をまで連れて行く」

（『早稲田清話』大隈重信著）

副島先生とは副島種臣《たねおみ》のことで、生真面目な性格を見込まれ、当時佐賀藩が長崎に設立した英学塾「蕃学稽古所」（のちの致遠館《ちえんかん》）の塾頭を務めていた。

この時、うぶな副島は三八歳、遊び達者の石丸は六つ下の三二歳であった。こんな石丸も英字新聞や書籍を手に取れば、完璧に理解し、外国人と相対すれば、難なく意思疎通ができるのだから、誰も面と向かって文句を言う者はいない。そればかりか長崎在留の外国人に深く食い込み、海外事情のみならず、他藩の動向についてのマル秘情報を集め、せっせと佐賀へ送るのだから、藩上層部の覚えが悪かろうはずもなかった。

石丸が重要な情報源としていたグラバーとの付き合いも、佐賀藩の物品購入の際、通訳をした縁で始まり、やがて薩長両藩が外国艦隊と戦火を交えた下関戦争や薩英戦争の際には、貴重な戦況情報を提供してもらえるほど親密な間柄になっていた。

ある時石丸はグラバーから、自分はこれまで薩長両藩の三〇名近い藩士をイギリスへ密航留学させたという話を耳にして大いなる衝撃を受け、同時に羨《うらや》ましい気持ちになった。

(そうか、グラバーの力を借りれば、外国へ行くことも可能なのだ、自分もぜひイギリスへ渡って学んでみたい)

石丸の脳裏に「密航留学」という四文字がインプットされた瞬間である。

幕府への忠誠

海外留学への決意が固まったとは言え、石丸は佐賀藩の場合、薩長両藩のように藩主が密航を許可することなど絶対にあり得ないだろうと思った。というのは、佐賀藩は福岡藩とともに、幕府より「長崎御番」(長崎警備)を委《ゆだ》ねられており、歴代藩主もこの大役が剝《はく》奪《だつ》される時は、佐賀藩が消える時だというほど、無上の名誉と考えてきた。だからわが藩に限って国禁破りを認めることなど断じてあるまいと、石丸も信じて疑わなかったのである。

当時の藩主は鍋島直正《なべしまなおまさ》(閑叟《かんそう》)から息子の直大《なおひろ》に移っていたが、実際は直正が藩政を牛《ぎゅう》耳《じ》っていた。直正は「蘭癖大名」の一人に数えられるほど海外事情に強い関心を持っており、それだけに家臣の洋学教育にも力を入れ、石丸や馬渡のほかにも多くの者を長崎へ送り、学ばせていた。彼らを通して得た西欧の最新の科学知識や技術を藩の殖産事業と軍備の近代化に生かそうとしたのである。

直正の耳にも当然、薩長両藩が国禁を破って藩内の優秀な若者を海外へ派遣しているとの情報が届いていたはずである。直正とて家臣をどしどし海外へ派遣し、進んだ知識を吸収させたいという思いは同じだった。いや内心では、家臣より自分自身が真っ先にヨーロッパやアメリカへ行ってみたいと思っていたかも知れない。

だが直正は密航までさせて家臣を海外へ送り出すことには慎重だったと、『鍋島直正公傳』（久米邦武編述／以下『公傳』）は伝えている。

「我藩は鎖国の法、最も峻厳《しゅんげん》にして、許可を得ずして他国に出づるものは、必ず重科に処せられたりしを以て、か丶る天下の大禁を犯して外国へ出奔する如きは、俗吏等の吃驚惜を失う所以たらざるべからず、さてこそかくは弾劾に及びたるなれ、公は素より法を守るに厳格なれば……」

直正は家臣の海外渡航はあくまでも幕府の認めた枠内で行なうべきだとし、幕府に使節団派遣の計画ありとの情報を得ると、他藩に先駆け、家臣を同行させたいと申し出た。万延元（一八六〇）年の遣米使節団には佐賀本藩から四名と支藩の蓮池《はすのいけ》藩から一名のあわせて五名、このほか同使節団の乗ったポーハタン号に随伴した咸臨丸にも三名を乗船させているから、この時八名の藩士がアメリカへ渡っている。

続く文久元（一八六一）年の遣欧使節団には三名、上海貿易視察団には四名、さらに慶応三（一八六七）年のパリ万博に五名など、佐賀藩は諸藩の中でも群を抜いて藩士の海外派遣に積極的だった。

文久遣欧使節団に加わった豊後中津《ぶんごなかつ》藩（現大分県）の福沢諭吉は、こうした直正の開明的、進歩的な考えを羨ましく思い、ロンドンから自藩の上役、島津祐太郎《ゆうたろう》へ送った手紙の中で、わが藩も見習うべきと、次のように進言している。現代語訳する。

「世界の諸情勢をじっくり見聞してみると、大きく変化しており、わが国もこれまでは止むを得ないとしても、これからは制度や仕組みを一大変革せざるを得ないと思います。当然諸藩においてもそれぞれ改めていかねばならないことは言うまでもなく、その意味で佐賀の鍋島公などは他藩に先駆けて改革に取り組んでおられるように思えます。今回の遣欧使節団派遣に際しても、佐賀藩は医者、砲術家、蘭学者ら三名の家臣を送り込み、欧州各国の実情を見聞、研究させております。どうかわが藩においても、鍋島公のように積極的に海外へ家中の者を派遣する措置をお取りいただくようお願い申し上げます」

直正の苦渋の決断

直正はひとり煩悶《はんもん》していた。幕府の方針に背いてまでして藩士を海外へ送り出す薩長両藩の決断に羨ましさを覚える一方で、わが藩は彼らとは違うのだとの思いを捨て切れずにいた。そんな藩主の苦脳を知ってか知らずか、石丸の胸中に一度灯った海外留学の夢はますます大きく膨らんでいくのであった。

（自分もグラバーの協力を得てイギリスへ行こう）

そこで石丸はグラバーに会い、思い切って胸の内を打ち明けると、グラバーも大いに賛同し、全面的な協力を約束した。その際、グラバーは石丸に異国で長く勉学を続けるには、同じような志《こころざし》をもつ、信頼のできる友人と一緒のほうが望ましいと助言した。となれば無二の親友である馬渡しかいない。馬渡に話すと、一も二もなく同行を希望した。

実はこのグラバーの〝全面協力発言〟の裏には、藩主直正の裏工作があったというのだから驚く。これはグラバーが後年、石丸からの密航協力要請を受け入れたのは、閑叟公（直正）から直々に頼まれたからだと、その裏事情を暴露したことから明らかになった。

直正がいつの時点で家臣の密航計画を知ったのかは定かでないが、もし耳に入れば、「天下の大禁を冒して出奔する如きはまかりならん」と、ただちに計画の撤回を命じたはずである。

ところが実際にはグラバーに対し、二人の密航留学の協力を裏で要請していたというのである。その際、直正は幕府から藩ぐるみで藩士の密航に手を貸したとの追及を避けるため、二人の派遣費用については藩費からの支出を認めず、あくまでも二人の家臣が勝手にグラバーと組んで計画したことだとして、藩の関与がなかったように装《よそお》った。

『公傳』に記された次の一文が、図らずも直正の関与を物語っている。

「其実（実際）は、公（直正）が河内《かわち》に意を含めて、彼らを渡航せしめられたるなりとは」

河内とは佐賀藩の国家老、鍋島河内のことである。直正の決断はごく限られた側近だけが知っていたようである。

密航打合せと野村の参加

石丸と馬渡にしても、よもや殿様自らがグラバーに蔭で密航協力を要請していたとは、知る由もなかった。おそらく直正の意向は当時長崎で手広く海運業を営んでいた藩の御用商人、久富与平《ひさとみよへい》あたりを介してグラバー側に伝えられたものと思われる。久富は直正の信頼が篤く、グラバーとも親しかった。

もちろんグラバーはそんなことをおくびにも出さず、石丸らと具体的な段取りについて打合せを重ねたが、渡航および留学の費用についてはすべて自分が負担すると申し出た。

と言ってもグラバーは商人である。いかに直正からの要請とは言え、それなりの思惑《おもわく》があったことは想像に難《かた》くない。

思惑とは何か。それは藩の近代化を強力に推し進める佐賀藩との間で、今後急増するであろう商取引だったとみてよい。それらの取引額からみれば、二人分の留学費用の肩代わりなど取るに足らぬものだったはずである。こうして石丸らの密航計画は着々と進んでいった。

ここで石丸らに同行することになる広島藩士野村文夫なる人物について触れておこう。広島藩の藩医の家に生まれた野村は幼い頃から学問に秀で、大坂の緒方洪庵《おがたこうあん》の適塾へ派遣されるなど、将来を嘱望《しょくぼう》されていた。

その野村が初めて石丸と会ったのは文久二（一八六二）年十一月、時の藩主浅野長勲《あさのながこと》の命を受け、洋船購入のため長崎へ派遣された時である。

野村は石丸からあれこれ助言を受けながら、船を物色した末、佐賀藩がオランダから買い入れ、海軍士官たちの訓練用に使っていたスクーネル型帆船「飛雲丸」に着目し、試乗や船内検査を繰り返した結果、四万五〇〇〇両で譲り受けることにした。この一連の交渉を通じ、野村は石丸との関係を深めた。

翌年一月、買い入れた船で野村は一旦、帰藩するが、元治元（一八六四）年四月、再び長崎行きを命じられる。この時の目的は「飛雲丸」から「達観丸」と名を改めた藩船の修理のためで、修理が完了したあとも野村は引き続き、英学修業をすることが許された。

石丸、馬渡、野村の三人は英学修業を通じ、さらに親密さを増していくが、石丸がいつの時点で野村にイギリス密航計画を打ち明け、野村がこれに加わる決意を固めたのかは定かでない。あるいは野村もグラバーや当時長崎に滞在していた薩摩藩の五代才助などと交流があったから、その線で佐賀藩士の密航計画を聞き出し、一緒に渡航したいと思うようになった可能性はある。

どちらにせよ野村の渡航決断は、石丸とグラバーとの間で、話が煮詰まった頃とみてよい。ちなみに野村の渡航費用は石丸ら佐賀グループとは別にグラバーから借金し、その額は洋銀で約二〇〇〇枚（約一五〇〇両ほどか）だったとの記録がある。

密航についての最終打合せが行なわれたのは慶応元（一八六五）年十月十日である。ここから先の彼らの行動については、野村の日記『乗槎日録《じょうさにちろく》』のほかに記録がないため、それをもとに見ていく。

十月十日の野村日記を現代語訳する。

「小雨午後三時、石丸虎五郎、馬渡八郎の二人がわが宿舎に現われ、密航の実行を告げる。今夜、われらを運んでくれる船の船長と会うことになったので、来てくれとのことである。わたしは嬉しくてたまらない。改めて両人の宿舎に行って礼を述べた。やっと午後六時になったので、船長との面会場所となった下り松《さがりまつ》（外国人居留地）の料亭へ行く。船長と初対面の挨拶を交わし、乾杯すると、気分はまさに神飛魂馳、心が躍り、夢を見ているようだ。三人とも八時に料亭を出る。わたしは宿舎に帰って横になったものの、いろいろな思いが頭をよぎり、心が騒いで、なかなか寝付けない」

この夜は三人が乗り込むグラバー商会所有の帆船チャンティクリーア号（一〇〇トン）のオウエル船長との顔合わせと、乗船当日の段取りの確認が主な目的で、出航日は告げられなかった。ただし同船長から急に出航ということもあり得るので、いつでも対応できるようにと、申し渡される。

十四日になって、グラバー商会より「二日後の夜出帆」という連絡が入る。こんなに慌ただしいことになるとは野村も予想外で、出発までに片付けなくてならぬ用件がいくつも頭をよぎった。まず処理しなくてはならないのは長崎滞在中、諸方へ重ねた借金の返済である。そこで広島藩の御用商人で、同藩の用達を務める島谷武兵衛に二十一日までに必ず返済すると、口から出まかせの嘘をつき、四〇両の借金を申し込む。幸い翌日、島谷から四〇両が届いたので、あちこち駆けずり回ってすべての支払いを済ませた。

さらに藩庁への脱藩届けと郷里の兄に宛て、決死の覚悟で異国へ学問修業に向かうとの遺書を認《したた》め、荷造り、髪を結い直すなどしていると、どんどん時間が過ぎていった。そんな中でも野村は馴染《なじ》みの芸妓と逢瀬《おうせ》を重ねたり、料亭をハシゴして酔いつぶれるなど、出発前日まで放蕩《ほうとう》を繰り返した。洋行を前に気持ちが高揚し、とてもじっとしていられなかったのだろう。

長崎出航

出発の十六日、この日も野村は前夜の酒が残ったままの状態で朝を迎えた。ふらつく足取りで石丸らの宿を訪ねてみると、二人は行李《こうり》に慌ただしく荷物を詰め込んでいる真っ最中だった。そこでこの夜十時に丸山の料亭で落ち合うことを約束して一旦別れる。その後、野村はぶらぶらしながら時間を潰し、早めに待ち合わせの料亭に上がり込んで酒を飲んでいると、石丸らが現われ、日本での最後の宴会となった。

夜が更け、町もすっかり寝静まった頃、三人は大浦居留地にあるグラバー商会の事務所へ向かった。約束の時間は深夜零時、日付は十七日である。グラバー商会の従業員の案内で船着き場へ向かい、チャンティクリーア号に乗り込んだ。外国船の出入りの多い長崎港は当時、幕吏の監視が国内で最も厳しい港である。彼らが乗船時間を深夜にしたのは当然だとしても、長州ファイブが断髪、洋装姿に変装したように、格別な工作をしたのかどうかについては記録にない。

ところがこの夜、長崎地方は「天色不好、船不発」、つまり天候不良につき出船見合わせとなった。しかし三人は「陋室《ろうしつ》に屈伏す、蓋《けだ》し人の探見を恐るればなり」とあるように、そのまま船内の狭い小部屋に身を隠し、天候回復を待つことになった。幕吏の目を警戒していたのは間違いないが、野村の日記を読む限り、ハラハラドキドキするような緊張感がいま一つ伝わってこない。

命じられたとおり、身体をエビのように曲げてうずくまっているうち、天候が急速に回復し、チャンティクリーア号は午前七時に岸壁を離れた。時に慶応元（一八六五）年十月十七日のことである。三人は船が港外に出るまでずっと狭い部屋で息を殺していた。

この船もいわゆるティ・クリッパーで、茶葉のほかに陶磁器も積んでいた。船長以下、司令官一名、水夫一四名の総勢一六名が乗り込んでいたが、温厚で誠実な船長の人柄を反映してか、誰もが親切で、若い水夫は石丸らに交替で英語や算術を教えてくれた。

長崎を出ると、南シナ海を南下、十一月二日に赤道を越え、十二月九日に喜望峰を回る。同月二十日にセント・ヘレナ島近くを通過、大西洋を北上し、ノンストップでロンドンをめざした。

大騒動発生

石丸らが日本を離れて数日後のことである。佐賀城の直正のもとへ、長崎から藩士失踪との急報が届いた。

「長崎に在（あり）て英語通訳に当たりたる石丸虎五郎、馬渡八郎の両人失踪したりしかば、目附より之を劾告したりき。探聞の結果、彼等は英商グラバの船に投じて英国に渡航したる形跡ありたればなり」（『公傳』）

長崎に派遣していた石丸と馬渡の二人の行方が分からなくなり、藩の役人たちが諸方に手を回し、探索したが、発見に至らなかった。どうやら数日前に出港したグラバー商会の船に潜り込んだ可能性が高いので、捜索を打ち切ったというのである。この報告を聞いた時、直正は家老の鍋島河内と顔を見合わせ、（あの二人、ついにやりおったか）と、にんまりしたはずである。そして直正は周囲にこう述べたという。

「英商グラバ（グラバー）が私費を以て石丸、馬渡を本国に遊ばしめたるも、亦（また）必ず深く仔細あるべく、他日之を了解するの機あるべきにより、先ず平穏になしおくべし」（『公傳』）

つまりグラバーが渡航費用を負担してまで二人の密航を助けたのには、それなりに深い考えがあってのことだろう。いつかその事情の判明する日が来るだろうから、それまでは騒ぎ立てたりせず、静かに見守るがよいというのである。自分が裏で糸を引いた「出来レース」なのだから当然である。まさに「直正殿、おぬしも役者じゃのう」というところである。

ところがここに大問題が持ち上がる。長崎奉行所がグラバーによる日本人三名の密航幇《ほう》助《じょ》を嗅《か》ぎつけ、騒ぎ出したのである。奉行所は、国禁となっている日本人の海外渡航に外国人が手を貸すとは言語道断《ごんごどうだん》であるとして、グラバーのもとへ、なぜそのような行為に及んだのかという詰問状《きつもんじょう》を送った。

するとグラバーはこう答えたという。

「汽船の出航を遅らせるわけにいかないから、三名を奉行の許可を待たずに渡航させた」

(『維新の港の英人たち』ヒュー・コータッツィ著/中須賀哲朗訳)

何とも人を喰《く》った答えである。長崎奉行は怒り心頭に発し、長崎駐在のイギリス領事を呼び付け、厳重に抗議したうえで、日本人三名の速やかな送還《そうかん》とグラバー本人への相応の処罰を要求した。これに対しイギリス領事はグラバーに懲罰《ちょうばつ》を下したようだが、どの程度のものか不明である。また日本人三名はすでに国外に出ており、今さら呼び戻すことなどできるはずもなかった。

その後の三人

本国でそんな騒ぎとなっているとも知らず、三人は船旅を続け、慶応二（一八六六）年二月十日ロンドンのセント・キャサリン埠頭《ふとう》に到着した。長崎を出てから一一〇日目のことである。

船長が三人のロンドン到着を七〇〇キロ離れたスコットランドのアバディーンにいるグラバーの兄に電信で連絡すると、明日の船でこちらへ来るようにと、すぐに返事が返ってきた。彼らは遠距離間でも短時間で連絡が取り合える電信技術にまず驚かされた。石丸がのちに日本における電信分野の発展に力を注いだのは、この原体験があったためと思われる。

この夜、彼らは引き続き船内に泊まった。翌朝、地元新聞に日本人がロンドンに到着したとの記事が載ると、「望見のもの四方の岸上群をなす」（野村日記）とあるように、大勢の物見高いロンドンっ子たちが波止場へ押しかけた。

この頃、つまり慶応二（一八六六）年四月現在、ロンドン在住の日本人は薩摩と長州の留学生あわせて一二名であったが、彼らはすでに断髪・洋装姿になっていたので、街中でもさして目立たぬ存在になっていた。それに比べ、石丸らはチョンマゲに和服姿、腰に刀という典型的なサムライ姿だったため、市民たちに珍しがられたのである。

野村は一人でぶらりと街へ出てみた。ある写真館の前を通りかかったところ、店の主人から呼び止められ、一枚写真を撮らせてくれとせがまれる。お安い御用とばかり、撮影に応じると、主人は何やら英語で話しかけてきた。

「余を見て英語を解せざるものと思いしと見えて、所貯（所蔵）の日本鏡を出し、此国なりやと云う意を示したり、余直（すぐ）に英語を以て答えたるは彼輩大いに驚き且つ喜びたり」（野村日記）

野村の得意げな顔、今風に言えば「どや顔」が目に浮かぶようである。

このあと三人はアバディーンに移るが、彼らが到着した時、同地には長州藩の第二次密航留学生の一人である竹田庸次郎《たけだようじろう》（春風）と薩摩藩の磯永彦輔（長沢鼎）の二人がおり、日本人は一挙五人に増えた。翌日、磯永が到着したばかりの三人のもとを訪ねて来たが、そのみごとな英語力には、あの石丸さえも舌を巻くほどであった。

「（翌日の）午後、長沢日折（鼎）訪ね来る、薩藩（出身）にして今年十三歳、此土（この地）に留まること僅かに四ヶ月なりしが、英語を以て談ずる（こと）流れるが如し、一座大いに驚く、其の英敏（鋭敏）恐るべし、英人も亦た（また）大いに之を称す」

（野村日記）

三人は落ち着くと、グラバー家の斡旋《あっせん》で市内に部屋を借り、早速勉学に取りかかった。毎日、家庭教師について英語や数学を学び、専門教育に必要な基礎学力の修得に努めながら、その合間を縫って彼らは市内の工場などに足を運び、視察を重ねた。

やがて三人はそれぞれ志望した専門分野の学問を修めるため、アバディーン市内のキングスカレッジに進むが、スコットランドに来て一年余りが過ぎた頃、石丸と馬渡はパリで開催中の万国博覧会に出展している佐賀藩の派遣団から通訳要員としてパリへ呼び寄せられる。

この博覧会は日本が初めて参加した万国博で、幕府のほか、佐賀と薩摩の両藩、それに江戸の商人清水卯三郎《しみずうさぶろう》らが出展していた。二人は「佐賀藩館」の業務を手伝ったり、パリ市内を視察するなどして過ごし、慶応四（一八六八）年夏に帰国する。

一旦郷里に戻るが、共に新政府へ出仕するよう求められ、石丸は工部省で電信の普及に尽力し、初代電信頭を務めたことから、のちに「日本の電信の父」などと呼ばれる。馬渡も大蔵省の要職を歴任した。

一方野村は石丸らと同じくキングスカレッジに学んだあと、パリへ行き、万国博を視察するなどして、石丸らとは別々に長崎へ戻った。広島藩は彼の脱藩、脱国行動を咎《とが》めるどころか、むしろ洋行経験を評価し、洋学の教師などとして遇した。その後新政府の求めに応じて上京、民部、工部、内務の各省に勤務したのち、ジャーナリストに転じ、時局風刺雑誌『団々珍聞《まるまるちんぶん》』を創刊するなどした。

密航馴れの薩摩藩、第二陣はアメリカへ（アメリカ）

幕府への挑戦状

薩長両藩はまるで幕府を挑発するかのように国禁を破り、次々と密航留学生を海外へ送り出した。だが幕府側はそうした彼らの脱法行為に気付きながら、制止することも、制裁を科すこともできなかった。

こんな話がある。慶応元（一八六五）年、ヨーロッパに派遣されていた幕府外国奉行、柴田剛中《しばたたけなか》は、ある日パリの街角で五代才助とばったり顔を合わす。柴田は薩摩藩が五代を含む多くの藩士をイギリスへ密航させていることをこの時初めて知り、大いに驚くとともに強い不快感を示すが、ここで騒ぎ立てても、藪《やぶ》から蛇を飛び出させるようなものだとして、見て見ぬふりをした。

だが柴田の随員で、五代とは長崎遊学時代に交遊があり、旧知の間柄であった岡田摂蔵《おかだせつぞう》は臆《おく》せずにずばり尋ねた。その時のやりとりを現代語で再現すると、こんなふうになろうか。

（岡田）

「キミら薩摩の連中はなぜ正々堂々と渡航しないのか、こそこそ隠れて渡航するから、かえって幕府から何か企んでいるように思われるんじゃないのか」

（五代）

「いやいや幕府に対し、他意があるなんてとんでもない。今の日本は薄氷《はくひょう》を踏むかのような危うい状態にある。われわれはこれから日本も西欧諸国と進んで交流していかねばならないと考えている。これは国のためであり、幕府のためでもある。このようなことをわれわれが幕府に上申しても、おそらく聞き届けてはくれまい。だからわれわれ薩摩の者たちは国家の危機を救おうと思い、高い費用を掛けてまで渡航に及んだのだ」

（岡田）

「キミは昔から能弁だったが、長いヨーロッパ滞在を通じて、ますます弁舌に磨きがかかったようだな、違うか」

（五代）

「いやいや、そんなことはない、そんなことはないってば（笑い）」

このあとロンドンに戻った五代は柴田と出会った時のことを早速、国元の家老へ手紙で報告している。

「(その時柴田は)頻(しきり)に不快を抱き居候由御座候得共、所置(処置)するに道なく、帰朝の上如何申開可致哉(いかに申し開きすべきか)の苦心のみにて、薩人へ面会を乞ひ来候半かと、余程恐れ居候由。勿論柴田は至極の俗物にて種々愚説多く、幕府も箇様(かよう)の人物を欧羅巴に遣(つかわ)すは皇国の悪命(悪名)にして嘆息に堪へ不申候」

(『薩藩海軍史』公爵島津家編纂所編)

五代は幕府が柴田のような愚かな人物をヨーロッパへ派遣するのは日本の恥であるとまで言い切り、幕府を徹底的にこきおろしている。いかにも幕勢の衰えを象徴する話である。

旺盛な行動力

国内での対立や反目をよそに、海外では薩摩藩の密航留学生も幕府派遣の留学生たちと親しく交流している。慶応二（一八六六）年夏、イギリスで学んでいた薩摩藩の沢井鉄馬《さわいてつま》（本名は森金之丞《もりきんのじょう》、のちの森有礼《ありのり》）と松村淳蔵（本名は市来勘十郎）の二人は大学の休暇を利用してロシアのペテルブルグ（現サンクトペテルブルグ）まで足を延ばし、当地に滞在していた幕府派遣留学生のもとを訪ねている。森有礼の『航魯紀行《こうろ》』に次のような記述がある。

「晩七時頃幕生（幕府留学生）の宿を探し出し、即ち不案内に彼等の旅館を問ふて、初而在之（初めての）人々と面会す。案外に此の人々親切にして諸事周旋せり。且つ打ち明けて談話をなせり」

「幕生（幕府留学生）の宿に被招て（招かれて）、日本料理のそば切りをたべたり、皆彼衆（すべて彼ら）の自料理（手料理）也」

沢井らは幕府留学生とウォッカでも酌み交わしながら、日本の来《きた》るべき時代の国家像について熱っぽく語り合ったのであろう。席上、留学生を監督する立場の山内作左衛門は「このままの日本の政体では世界の動きに対応できない。天皇中心のもっと強い国にしなければならない」と発言し、薩摩側を驚かせている。

またその年の末、幕府派遣のイギリス留学生一四名がロンドンに到着したことを知ると、沢井はまたまた一行の宿泊しているホテルを訪ねている。応対に出た留学生監督役の川路太郎《かわじたろう》が、この時の出会いについて記している。

「万里外に於いて邦人に会遇する其の歓びは格別のものにて、其の情妙なり」

（『英航日録』）

遠い異国で学ぶ若い同胞との出会いは互いに嬉しかったようである。

このように薩摩留学生たちの旺盛《おうせい》な行動力は幕府や他藩の者を圧倒している。このパワーこそが明治維新の原動力になったと言っても過言ではない。

恵まれた薩藩留学生

薩摩藩はイギリスへ最初の留学生を送り込んだあと、ただちに次なる留学生派遣計画に着手し、慶応元（一八六五）年十一月、第二次留学生として八名をアメリカへ渡航させることに決した。

なぜ今度は派遣先がアメリカになったのか。幕末維新期の対外関係史に詳しい犬塚孝明《いぬづかたかあき》はその理由として、アメリカのほうがヨーロッパに比べて学資が比較的安いこと、日本に派遣されて来たアメリカ人宣教師が進んで留学希望者に手を貸し、また現地のミッションボード（伝道局）も受け入れに協力的であったこと、それに学問レベルもあまり高度過ぎないことなどを挙げている。

八名の留学生は三回に分けて派遣され、慶応二（一八六六）年三月に第一陣の五名、同年七月に第二陣の一名、そして翌慶応三（一八六七）年の四月に第三陣の二名が順次、日本を離れた。

このうち第三陣は幕府の海外渡航解禁後の出発だから、手続きさえすれば、合法的な出国となったが、果たしてどうであったか。したがってここで取り上げるのは、第一陣の仁《に》礼景範《れかげのり》、江夏蘇助《えなつそすけ》、湯地治右衛門《ゆじじえもん》、種子島敬輔《たねがしまけいすけ》、吉原弥次郎《よしはらやじろう》と第二陣の木藤市助《きとういちすけ》の計六名である。彼らもまた全員が変名を用いていることから、自分たちの行為が密航であることを認識していた。

同藩最初の密航留学生はほとんどが藩のエリート養成機関「開成所」に学ぶ二〇歳前後の若者たちであったのに対し、アメリカ派遣組はいずれも藩内のバリバリの尊皇攘夷派グループ「精忠組《せいちゆうぐみ》」に属していた者たちで、年齢も三〇歳前後の壮年藩士だった。藩当局は尊皇攘夷運動に熱情を注いできた猛者《もさ》たちの考えを留学によって開明的な方向へ転換させ、その持ち前のエネルギーを来るべき時代のために活用しようと考えたのである。

それにしても薩摩藩は二年続けて二五人もの藩士らを海外へ送り出すのだから、いかに海外の知識や技術の導入に熱心だったかが分かるし、しかも渡航費、学資、生活費など留学に要する全額を自前で賄《まかな》ったのだから、当時の薩摩藩の財力のほどが分かる。

この時期、幕府派遣の留学生は別として、薩摩藩のように長期的視野に立ち、十分な資金の裏付けをもって留学生を送り出した藩はほかにない。

「留学十年を予期し、その費二十万両（英金貨四万磅《ポンド》）を藩公御手元財弊の下賜あり」

（『町田久成略伝』）

幕末は極端なインフレにより、貨幣価値が大幅に下落した。米価換算で、江戸時代初期なら一両も現在の一〇万円ほどの価値があったが、この頃には一〇分の一以下になっており、二〇万両と言えば、多く見積もっても現在の二〇億円というところである。この額を手元金からポンと支出する島津の殿様の財力はたいしたものである。

アメリカ留学生には藩から五年分の学資が用意された。留学のお膳立てをした長崎在留の宣教師グイド・フルベッキもアメリカの上司へ送った手紙の中でこう記している。

「わたしは有力な薩摩藩主の（家臣）五人に紹介状を書いて与えました。彼等は五カ年間の学資を潤沢にもっておりますし、ニューヨークの一流人物に紹介状を書きましたから、あなたにご迷惑をかけないでしょう」

（『フルベッキ書簡集』高谷道男編訳）

こうした藩の金銭的なバックアップによって、薩摩の留学生たちは落ち着いて学業に専念できたのである。

これに対し、長州藩留学生たちは一次の「ファイブ」も二次の三人組も、いずれも経済的ピンチ、いわゆる「金欠」に苦しんだ。ファイブには藩主のお手元金から渡航費にも満たぬ稽古料が手渡され、二次の者たちにも藩から渡航費と当座の生活費程度のものが支給されたが、その後送金が途絶えたから、結局グラバーのような外国商人の一族などから借金を重ねるほかなかった。その結果、第二次留学生の中から、貧困により体調を崩して命を落とす者や借金が嵩《かさ》んで帰国を余儀なくされる者が相次いだ。

また「ファイブ」の一人、山尾庸三などは恥を忍んでロンドン在留の薩摩藩留学生に借金を申し込んでいる。イギリスへ来て三年が過ぎた慶応二（一八六六）年、山尾はロンドンから造船業の盛んなグラスゴーに移って造船学を本格的に学びたいと思ったものの、本国からの送金が途絶えて学資に事欠き、思い余って薩摩藩留学生のもとを訪ねた。この年の初め、日本では薩長同盟が結ばれ、外地でも両藩の若者たちの間に信頼関係が生まれていたのである。

「山尾氏某日来訪、曰く、藩庁の送金途絶し、困難に因り学資貸与の懇請あり。久成は専断藩金を貸す事は能わざるを以て、之を学生に諮り、十六傍《ポンド》（日金十両）を醵《きょ》し、山尾氏に贈呈《ぞうてい》す。氏は直に英国『スコットランド』の『ガラスコ』（グラスゴー）の造船所に行かる」

（『町田久成略伝』）

学頭の町田は他藩の留学生の支援費用を公金から支出することはできないとして、学生たちに意見を求めたところ、一人一磅（ポンド）ずつカンパすることに決し、全部で一六ポンドが集まった。日本の金にして約一〇両に相当する額で、これを贈呈したところ、山尾は大感激し、喜び勇んでグラスゴーへ向かったという。

同じく野村弥吉（井上勝）も生活費を浮かせるため、ロンドン大学のウィリアムソン教授宅に学僕として住み込んだ。日本人留学生を献身的に世話したことで知られる同教授は、月に一度、薩摩藩の留学生を自宅に招き、夕食を共にしながら懇談《こんだん》する機会をもったが、長州藩の野村は配膳係だったため、彼らの輪に加わることができなかった。この時ばかりは野村もさぞかし金なきゆえの悲哀をしみじみ感じたことだろう。

西回りでアメリカへ

薩摩藩アメリカ留学生の第一陣五名の渡航を仲介したフルベッキはニューヨークに本部を置くオランダ改革派教会から日本へ派遣された宣教師で、安政六（一八五九）年に長崎に着任した。来日から四年が経った文久三（一八六三）年、長崎奉行所より英語所での英語教育を依頼され、以後、洋学所、語学所、済美館《さいびかん》、広運館などと学校の名称は変わったが、一貫して全国各地から長崎へ学びに来る若者たちへ英語を教え続けた。

このフルベッキから依頼を受け、五名の移送や留学資金の送金手続きなど具体的な段取りを行なったのは、長崎在留のアメリカ商人ロビネットである。藩庁は第一次イギリス留学生の派遣の時にグラバーが果たした役割をロビネットに託したのであるが、フルベッキが裏で奔走《ほんそう》したことは言うまでもない。これ以降、日本人でアメリカ留学を希望する者は、ほとんどがフルベッキらオランダ改革派教会の宣教師の協力を得て実現しており、仁礼らに続いて肥後熊本藩の横井左平太《よこいさへいた》と太平《たへい》という二人の兄弟の密航にも手を貸している。同兄弟は佐久間象山とともに当時開明的、進歩的な学者として知られた横井小楠《しょうなん》の甥っ子たちである。

ではなぜフルベッキらはこれほど熱心に日本の若者の海外留学を支援したのだろうか。

それは向学心に溢《あふ》れた日本の優れた頭脳が欧米諸国の先進的文明を吸収し、この国の近代化の担い手になることを期待したからであり、同時にこれら留学生たちがキリスト教の精神を理解し、自分たちと同じ価値観を共有してくれることを願ったのである。

五人が長崎港でポルトガル船に乗り込んだのは慶応二（一八六六）年三月二十六日である。この日の午後七時頃、波止場へ行き、「平運丸」という艀《はしけ》に乗って、沖に停泊中のポルトガル船（船名およびトン数不明）に向かい、午後八時頃乗り込んだ。そのあと世話役のロビネットもやって来て留学生全員と初めて顔を合わせ、最後の打合せを行なった。その場で自分も上海まで同行すると語った。

しかしこの日と翌日、長崎地方は終日雨で、出航が見合わせとなり、全員が船内に留まって天候の回復を待った。二日後の二十八日になっても、雨が降り止まぬため、ついに船長は出航を決断する。留学生の一人、仁礼景範は当日の日記に短く次のように記している。

「同廿八日雨

朝日出比出帆、終日風雨に而（て）浪は看板（甲板か）打越甚苦候也」

仁礼はこの時の留学生の中で、ただ一人出発日から日記をつけていた。途中ブランクはあるものの、彼のおかげで幕末のアメリカ留学生の生活の実態を知ることができ、貴重な史料となっている。しかし長崎からの密航シーンの記述はたったこれだけである。

四月一日、上海到着。各国の商船が数え切れぬほど集まっているのを目にして、仁礼はまず「世界ノ大キ成ルヲ知ル」のであった。留学生たちはこの日以降、当地にほぼひと月滞在し、連日あちこちを見学しながら過ごすが、最も衝撃を受けたのは当地に駐留するイギリス軍の軍備の充実ぶりだった。とてもわが国の武力では屈服させることのできる相手でないことを改めて痛感し、年月を要しても彼らと互角の戦力を準備しなければと、決意を新たにする。いかにも攘夷主義者らしい一面をうかがわせている。

上海に来て二〇日ほど経った日のことである。川沿いの遊歩道を歩いていた種子島と湯地の二人は停泊中の船からいきなり日本語で声を掛けられた。そこで船へ乗り移ってみると、三人の日本人がいた。萩森敬助《はぎもりけいすけ》と大沼内蔵《おおぬまくら》と名乗る宇和島藩士、それにグラバー商会の下働きの恒之助という者たちだった。萩森らがどんな目的で上海に来ていたのか、幕府から許可を得たうえの渡航なのかどうかなどについて仁礼日記には言及がないが、来航時期からして艦船や武器の調達のための密航だったとみて間違いない。

宇和島藩の二人は薩摩藩の野村某からの書状を預かってきていた。つまり彼らは予めグラバーなどを通じて仁礼たちの動きを知っており、上海で必ず会えると思っていたのだろう。この日以来、宇和島組は連日、薩摩の留学生たちと会い、話し込んでいる。来るべき新時代に向けての意見交換だったろう。仁礼らは近く日本へ戻るという彼らに国元への書状と『万国公法』『地球説略』などの書物を託し、届けてほしいと依頼した。

薩摩の五人が上海を離れたのは同月二十八日、船はインド洋を横断し、七月六日に「アフリカノ地ミユ」、同十二日に「実ニ名高キキボウ峰有之也」、そして九月七日、イギリスに到着した。

汽車でロンドンに入ると、まずロンドン大学ユニバーシティ・カレッジに向かい、第一次留学生の畠山義成、森有礼、松村淳蔵ら旧知の仲間たちとの対面を果たした。八人の薩摩人たちは手を握り、肩を抱き合って異境での再会を喜んだことだろう。

一同は五人の宿舎となるグランドホテルへと移動するが、仁礼は日本の旅籠《はたご》とはあまりにも異なるホテルというものに度肝《どぎも》を抜かれる。

「ガラントホーヤ、ロントンニテ一番立派ナル由、誠ニ大家八階吾七階ノ二百四十番ニ住メリ。其の美麗ナルコト至ラザル処ナシ」（仁礼日記）

現代語訳すれば、「このホテルはグランドホテルと言って、ロンドン市内でも最高級のホテルだという。建物は大きく八階建てで、自分の部屋は七階の二四〇号室だが、その室内の豪華さは筆舌に尽くしがたい」となる。

遅れてホテルへ駆けつけた町田民部（久成）も仲間の輪に加わり、皆で食事をしたあと、夜中まで話し込んだ。幕府と長州藩の戦争やプロシアとオーストリアの戦争など、この夜は専《もっぱ》ら内外の戦争が話題になった。

五人はこの地に一週間ほど滞在し、その間畠山らの案内で、ロンドン塔、ウィンザー城、国会議事堂、造幣局、天文台、新聞社などを見学した。その後アメリカ行きの船が出るリバプールへ移動、十六日、同地発の蒸気船「シティ・パリス号」で大西洋を越え、二十七日の朝、最終目的地のニューヨークに到着した。寄り道をしたため、日本を出てから半年近くが経っていた。

この日は日曜日のため上陸が許されず、船で過ごす。そこへ当地で彼らの世話をしてくれるホリギリなる商人が訪ねてきたので、ロビネットからの書状を手渡し、上陸後に改めて今後の段取りを打合せすることにした。

翌日、上陸し、ホテルに入るが、仁礼はまたまたホテルの豪華さに目を丸くしている。

「メトレポリスト云ニューヨロク一番ノ宿ヤノ由、英国ノ宿ヤヨリモ大ク最美麗ニ有之」

メトロポリタンというニューヨークでも一番のホテルだそうだ。イギリスのロンドンのグランドホテルよりも大きく、きわめて美麗であるという意味である。

それにしても薩摩の留学生がロンドン、ニューヨークという大都会で、超一流のホテルに滞在したとは贅沢《ぜいたく》きわまりない。

一行はホリギリと今後の学業の進め方などについて相談を始めたところ、その前提となる留学資金をめぐり、ひと悶着《もんちゃく》が起こる。結局仲介者のロビネットとホリギリとの間で送金方法についての誤解が原因と分かり、大ごとにならずに済んだが、一時は五人も留学計画がご破算になるのではと、真っ青になった。

留学資金問題が落ち着いたのを機に、五人はメトロポリタンホテルから、もっと料金の安いホテルへと移り、現地の教育機関への入学準備を急ぐことにした。やはりメトロポリタンは留学生に分不相応と気付いたようで、二泊三日で引き払った。

十月二日、仁礼らに続き、第二陣の留学生として日本から来ていた木藤市助がニューヨークに現われる。仁礼たちを自分の通う学校で学ばせるべく、その打合せのためである。木藤は仁礼らより約三カ月遅れて七月三日、アメリカ船で横浜を出発したが、ニューヨークへ直行したため、五人組より早く到着し、マサチューセッツ州ボストン郊外にある私立学校モンソン・アカデミーで学んでいた。

木藤のアメリカ行きに手を貸したのは、フルベッキらとともに来日したオランダ改革派教会の宣教師サミュエル・R・ブラウンで、彼は横浜を拠点に伝道活動や日本人への英語教育を行なっていた。木藤は江戸に遊学中、ブラウンから英語の指導を受けたのが縁で、アメリカ留学を希望するようになった。やがて藩もこれを認め、実現するのだが、その際、ブラウンは木藤に自分の出身校であるモンソン・アカデミーで学ぶように勧めたのである。

まもなく五人は木藤の尽力で同校への入学が認められ、十一月一日に、列車でモンソンの町に入った。彼らは三グループに分かれ、地元の家庭に寄宿しながら学校へ通い、勉学を始めた。以後、各人の滞米期間はまちまちで、仁礼と江夏が一年弱、湯地、吉原、種子島らは数年に及んだ。

この間、彼らにとって忘れ難い出来事があった。木藤市助が自ら命を絶ったのである。五人が入学してから八カ月が過ぎた一八六七年七月二十二日、登校した仁礼たちは二日前から木藤の行方が分からず、下宿先にも戻っていないことを知る。学校側はもちろん、警察や町民たちも協力して周辺を捜索《そうさく》したところ、その日の午後八時頃、山の中で木に首を吊っている木藤を発見した。

自殺の動機は不明だが、仁礼によると、渡航前に母親を亡くしたショックから立ち直れずにいたこと、語学力不足により校内で十分なコミュニケーションがとれなかったこと、馴れぬ異国生活でストレスが溜《た》まったことなどが考えられるとしている。享年二六であった。

金欠により健康を害して命を落とした長州藩の第二次イギリス留学生に続いて、また一人、密航留学生が死んだ。ともに旺盛《おうせい》な向学心を抱き、身命を賭《と》して異国へ渡りながら、志半ばにして斃《たお》れたのである。

保守的な藩の開明派奉行が独断派遣（イギリス）

出国日偽装

ここでは北陸の大藩、加賀藩からの密航者を取り上げる。同藩の岡田秀之助《おかだひでのすけ》（二五歳）と関沢孝三郎《せきざわこうざぶろう》（二四歳）の二人が長崎からイギリスへ向かったのは慶応二（一八六六）年八月二十五日である。

幕府はこの年の四月七日、ようやく海外渡航を解禁したが、印章（旅券）発給の準備作業に手間取り、実際に申請の受け付けを始めたのは半年後のことであったことは先に述べた。しかし岡田ら二人は申請をせずに日本を離れてしまったのだから、紛れもない密航で、彼ら自身も渡航先のイギリスで、岡田は山田秀介、関沢は出羽昇なる変名をそれぞれ用いていることからも国禁違反は認識していた。

加賀前田《まえだ》藩は外様《とざま》でありながら、徳川宗家と強い姻戚関係を結んでおり、松平《まつだいら》姓と葵《あおい》の御紋の使用が特別に許されるほど幕府の信頼も厚かった。したがって歴代藩主も幕府の方針に背《そむ》くことなど毫《ごう》も考えたことはなく、家臣の密航を認めるという判断が下る余地は寸分もなかった。

それゆえ岡田ら二人の密航を知った藩の上層部は動揺し、幕府の追及を避けるため辻褄《つじつま》合わせの行動に出る。その手口とは、二人があたかもまだ国内におり、これから渡航するかのように装い、旅券発給の事務が開始されるのを待って江戸詰の藩士が二人の渡航許可願いを幕府へ提出したのである。

その許可願いを現代語訳する。


「このたび学問修業のため外国行きを志願する者は、所定の手続きをもって願い出さえすれば、印章（パスポート）が発給されると、先頃大目付様よりお触れが出ました。当藩の岡田秀之助と関沢孝三郎という者が洋学修業のため、イギリス・ロンドンへの渡航を希望しておりますので、渡航許可を申請いたします。両名は長崎でイギリス船の船長と交渉し、乗船許可を得たと聞いております。別紙に二人の人相書を添えて申請しますので、印章のご発給をお願い申し上げます。松平加賀守内　多田鋼之助」

別紙には名前と年齢のほか、身丈五尺、面細長き方、鼻高き方などと、人相書が記されていた。

開明派奉行

ではなぜ、岡田と関沢の密航が実現したのだろうか。そこには保守的な藩風の中にあって、次代を担《にな》う有為な人材を海外へ送って学ばせようと考える開明的な人物がいたからである。

明治三十四（一九〇一）年発行の『加越能郷友会雑誌』に岡田らの海外渡航の経緯が記されている。少々長いが、原文で紹介する。

「加藩（加賀藩）時に一小艦を購《あがな》う、李百里《りひやくり》と云う、七尾湾に在り、陸原惟厚《くがはらただあつ》氏が軍艦頭取となり、将に長崎に回航せんとす、金谷与十郎《かなやよじゅうろう》なるものあり、窃《ひそか》に陸原氏に謂《い》（い）ていわく、今や諸藩の形勢を察し、海外の事情を考ふるに、只人物の養成を先とすべし。宜しく藩中の少年長崎に在るものを択《えら》びて英国に留学せしむべし、之を藩に請う（ても）必ず許されじ、君乞う、専断身を賭して我藩の為めに慮《おもんぱか》るところあれよ、只それ君が事に至りては請う、死を以て之を藩廷に争わんと、陸原氏慨然として之を諾し、一抹の煤煙纜（ともづな）を尾湾（七尾湾）に解き、汽笛嘹々《りようりよう》（音の冴え渡って響くさま）幾日を経て艦、崎陽（長崎）に泊す、即ち藩中の書生該地（長崎）に在る者を択《えら》びて三人を得たり」

岡田らのイギリス行きを画策したのは金谷与十郎という藩の軍艦奉行だった。加賀藩は軍艦や藩の物産を運ぶ帆船を長崎のグラバー商会を通じて購入しており、金谷もグラバーとは旧知の間柄であった。しばしば長崎を訪れている金谷はおそらくグラバーや他藩の人間から、薩長をはじめ諸藩が若き有為な人材を密かに海外へ送り出し、学ばせていることを耳にしたのだろう。

加賀藩においても海外の進んだ知識や技術を習得した人材が不可欠と考えていた金谷は、近く李百里丸という藩船で長崎へ向かう上司の軍艦頭取、陸原惟厚に海外への人材派遣の必要性を訴え、当時長崎に遊学中の者の中から人選してイギリスへ留学させたいとの考えを伝えたところ、陸原も賛意を示し、実現に向けて動くことを約束した。金谷らが藩の上層部に諮《はか》らず独断で動いたのは、前田家と徳川家との緊密な関係を知ってのことであるのは言うまでもない。二人はもし密航が発覚して藩の咎《とが》めを受けたら、責任を取る覚悟を決めていた。

わたしは先に加賀藩は保守的な藩と述べたが、それは幕府の方針にどこまでも忠実で、先走ったことはしないという意味である。とは言え、幕府の認める範囲内では藩の近代化に取り組み、洋学教育にも力を入れていた。

文久元（一八六一）年、長崎・飽《あく》の浦《うら》に完成した幕府の長崎製鉄所へ相当数の藩士を送って造船や器械を学ばせたのをはじめ、翌文久二（一八六二）年には藩士四〇名を江戸の幕府軍艦操練所へ、さらに慶応元（一八六五）年、洋学修業のため長崎へ五〇名を送り、幕府の済美館などで学ばせている。

「慶応元年七月前田家に於て西洋形（型）帆船買入れ、能登七尾港に繋ぎ、肥前長崎に廻航の便あり、此時藩臣の子弟凡そ五十名の学生、藩費を以て洋学修行の為長崎江（へ）差遣せられる」

（『伍堂卓爾一世紀事』）

この時の五〇名の中に、当時一二歳の高峰譲吉もいたことは先に述べた。また幕府の遣米および遣欧使節団に藩士の佐野鼎《さのかなえ》（貞輔）を同行させている。

薩摩藩の五代に頼る

さて長崎に着いた陸原は藩がこの地に派遣している伝習生の中から岡田、関沢、それに浅津富之助《あさづとみのすけ》の三名を選抜するが、諸事情により浅津の参加は見送られ、二名となった。

ところが陸原には具体的に密航をどのように進めるべきか、渡航費用についてもいかに工面したらよいのかというノウハウを持ち合わせていなかった。そこで金谷からの助言もあり、長崎に滞在している薩摩藩の五代才助を訪ね、相談した。陸原は五代がグラバーと連携し、この時までに自藩のみならず、他藩の若者たちのイギリス密航にも手を貸していることを耳にし、必ず力になってくれると思ったのである。

五代は陸原の依頼を快諾し、渡航費用の負担や現地での教育機関の斡旋などすべてをグラバー商会に委ねることで、同商会側と話をつけた。五代としては自分の腹が痛むわけでなし、むしろ北陸の雄藩との人脈作り、あるいはこの際、恩を売って来るべき日のパートナーにしたいという思惑があったのかも知れない。

一方のグラバーにしても渡航費用などは、佐賀藩士の密航の時と同様、今後の取引の中に紛れ込ませれば、容易に回収できるし、これを機に幕府とも関係の深い大藩を自分の方へより引き寄せることができればという思惑が働いたとしても不思議はない。

五代はたまたま薩摩藩の家老新納刑部の息子で、一一歳の次郎四郎（武之助）が、イギリス本国へ帰るグラバーの兄ジェームズ・グラバーに伴われて渡航することになっていたので、岡田らも一緒に送り出すよう手配した。二人の加賀藩士に自藩の家老の幼い息子の保護者役を依頼したのであろう。なお次郎四郎は藩費を用いての官費留学ではなく、いわゆる私費留学で、行き先はフランスだった。

三人がどのようにして長崎からグラバー商会の船に乗り込み、イギリスへ向かったのかについては出発日以外に明らかでなく、わずかに「英艦某号の船底に（身を）匿し、長崎奉行の目を盗んで船遂に英京倫敦に着す」とだけ、記録にある。

また薩摩藩の第一次イギリス留学生に同行し、ひと足先に帰国した通訳の堀壮十郎はイギリスに滞在している町田民部（久成）へ次のような手紙を送っている。

「新納様御嫡子にも既に今夕開帆、同伴兄ガラバ（グラバーの兄）幷（並びに）加州人二員（加賀藩士二名）に御座候、着府（到着）之上万端よろしく奉願候」

現代語訳すると、「ご家老の子息が本日、グラバーの兄や加賀藩士らとともにそちらへ向かって旅立ったので、到着の暁には宜しく面倒をみていただきたい」ということである。

三人は無事、イギリスに到着した。滞英中の薩摩留学生畠山丈之助はすでに帰国している新納刑部に宛てた手紙でこれを報告している。

「御息童子も英十一月仏の御安着。ほか加藩之両生も大元気に而着英被礼、……」

こうして薩摩、長州、佐賀、広島の西南諸藩に続き、北陸の大藩、加賀藩からもグラバーの支援を受け、二人の密航者が出た。

岡田と関沢がどんな留学生活を送ったのかは不明だが、二年後に帰国、廃藩置県前の金沢藩に復帰したあと、岡田は藩の洋学伝習所である道済館《どうさいかん》の英語教師や大坂兵学寮教師を経て文部省に出仕するなど、主に教育分野で活躍した。

関沢は明治以降、旧藩主に随行して再度イギリスへ留学をしたのをはじめ、ウィーン万博やフィラデルフィア万博に派遣されるなど、海外経験を積む。その後、駒場農学校長、水産伝習所長を歴任し、日本の水産業の近代化に取り組んだため、のちに「日本水産業の父」などと呼ばれた。

武器・戦艦を求めて上海密航者が続出（清）

欧米への密航者はほとんどが先進知識や技術の習得など学術修業を目的としていたのに対し、上海への密航者は大半が艦船や武器の購入、あるいは船の修理など、専ら自藩の軍事力増強を図るためだった。

なぜ上海だったのか。それはアメリカで四年におよぶ南北戦争が終了したあと、不要となった中古の艦船や銃器類が大量に中国市場へ流れ込み、上海がその取引の中心地になっていたこと、また故障した洋艦船の本格的な修理を行なえる施設が当時日本国内になかったからである。

中国研究者の米沢秀夫《よねざわひでお》はその著『上海史話』の中で、この頃の日本からの上海密航者について次のように述べている。

「千歳丸《せんざいまる》（幕府の第一回上海貿易視察船）及び健順丸（同第二回視察船）の上海派遣を機

に、元治から慶応にかけて諸藩の武士が旺ん（さかん）に上海へ来るようになった。多くは汽船、兵器等の購入を目的に、外国船で密航したのである。

（中略）

土佐の後藤象二郎《ごとうしょうじろう》も上海へ汽船を買いに来ている。それは彼が武市半平太《たけちはんぺいた》等の勤皇党（土佐勤王党）を裁断した当時、刺客の難を逃れる必要があったからで、同じく土州（土佐）出身の漂流者中浜万次郎《なかはままんじろう》を案内に立てて渡航したのであった。

長州の伊藤俊介（俊輔）は慶応二年、幕軍と戦争中、藩命を帯びて来港し、上海で外国船二隻（第二丙寅丸と満寿丸）を購して帰った。梁川藩（柳川藩）の曾我祐準《そがすけのり》は、上海から香港、シンガポール、カルカッタ方面にかけて視察し、その際、上海の街上で伊藤と邂逅《かいこう》している。竹添進一郎《たけぞえしんいちろう》が最初に上海に来たのも、熊本藩の汽船萬里丸の修理という使命を帯びてであった」

司馬遼太郎が「西洋の出店」と呼んだ上海へは長崎からだと、江戸へ行くより一二〇キロも近かったから、密航者もちょいとそこまで用足しに出掛けるような気軽さがあったのだろう。多くの者がいとも簡単に国を抜け出して上海へ渡っており、中には複数回、密航した者もいる。

幕末この地に密航した日本人は実際にどのくらいの数にのぼったのか、見当もつかない。というのは合法的な渡航なのか、それとも密航なのか、判別できぬグレーゾーンにいる者も混在しているからである。ここでは武器・艦船調達のために上海へ向かったサムライ密航者たちを紹介する。

長州藩士・村田蔵六（大村益次郎）

どこへ行っても引っ張りだこ

東京・千代田区の靖国神社の参道中央に大村益次郎の大きな立像がある。大村は明治戊《ぼ》辰《しん》戦争の際に、官軍側の軍事的指導者として洋式戦術を駆使し、大きな戦功があったとされる人物で、「軍師」とか「日本陸軍の創設者」などともいわれる。

彼の前名は村田蔵六であるが、改名に至った経緯についてはあとで触れる。村田は長州藩の村医者の家に生まれ、幼い頃から勉学に励み、和洋漢にわたり幅広く学問を身に付けた。嘉永六（一八五三）年、黒船来航を機に、海洋に面した諸藩では海防力の強化に乗り出すが、この時、宇和島藩は蘭学者、兵学者としての村田の学識に着目し、出仕を請い、本人もこれを受諾《じゆだく》する。

宇和島に移って藩士に蘭学や兵学の指導を続けながら、軍艦建造の研究に没頭していたところ、藩主伊達宗城の参勤に同行するよう命じられ、江戸へ出ることになった。すると今度は幕府から声が掛かり、蕃書調所や講武所での教育を要請されるなど、村田はどこへ行っても引っ張りだこであった。

日増しに高まる村田の声望に、彼の出身地である長州藩もついに獲得に乗り出し、幕府および宇和島藩に懇請して譲り受け、召し抱えることにした。以後の村田は同藩の軍備や軍制に関わる要職に就き、多忙な日々を送っていたが、慶応元（一八六五）年二月、また新たな任務を申し渡される。

それは藩船壬戌丸《じんじゆつまる》御用係というものである。同船は長州藩が文久二（一八六二）年、イギリス系商社ジャーディン・マセソン商会を通じて購入した蒸気船（四四八トン）だが、砲撃力に難があるため、主に物資の輸送や藩主の御座船として使われていた。

同藩は文久三（一八六三）年五月十日、攘夷実行のため戦艦を関門海峡に出動させ、停泊中のアメリカ商船ペンブローク号に砲撃を仕掛ける。同船は難を免れ、逃走したが、二〇日後、同国の軍艦ワイオミング号が報復のため海峡に現われ、三隻の長州艦に対し、激しい砲撃を浴びせた。壬戌丸はこの時、被弾して沈没した。

欧米四カ国との戦争が終結したあと、藩は壬戌丸を引き上げ、修理を施したものの、以後の戦闘には使える見込みがないと判断し、同船を売却して、その代金で武器を購入することにした。その役割を託されたのが村田である。

村田は船を上海へ回航し、そこで売却することにした。村田の上海行きについては高度の機密事項とされたため、藩の公式文書には残っていないが、後年著《あらわ》された長州藩史『修訂防長回天史』（末松謙澄著）には次のような短い記述がある。

「これより先、村田蔵六をして上海に赴き、敗残の壬戌丸を外国人に売却せしむ」

またその備考欄に

「奇兵隊日記二月九日の条に、壬戌丸夷人に売却のため今日より当地出帆、上海辺まで罷り越し候ことと見えたり」

とある。

さらに伝記『大村益次郎』（大村益次郎伝記刊行会編）には次のように記されている。

「先生（村田）は、突然その九日（慶応元年二月九日）壬戌丸処分のため、上海に赴いたのであるが、先生の日記を見ても、その事情を明確に書いていないのみならず、少しも事の内容に触れていない。ただ支那人（ママ）の氏名や料理の献立等が墨書であざやかに誌されているのみである。そうしていつごろ帰国したのかも不明である。これは藩としてよほど秘密にしていたのではなかろうか。

伝うるところによれば、先生は壬戌丸を売却して、その代金で銃器を購入する用件で上海へ派遣されたと言われる。而してこれらの売買は、幕府に憚《はばか》り、すべて村田蔵六名義で行われたが、幕府は内偵して、その真相を探知していたのである」

村田自身が上海行きについて書き残したものはないかと探してみると、『大村益次郎史料』（内田伸編）に、本人の覚え書と書簡の写しなどを見つけた。それらの中から判明したことをいくつか紹介しよう。

まず壬戌丸で上海に密航したのは村田を含め、総勢約六〇名にのぼったということである。これだけの日本人が大挙して上海へ渡り、町の中を歩いていたなら、さぞや目立ったことであろう。

村田は上海で、ドレーキなるアメリカ商人に壬戌丸を売却したが、その金額は不明である。ただし先方が提示した決済条件は三年の分割払いであったという。

また上海からの帰りは外国船を利用したが、その費用は三二一両であった。さらに一行が戻った港は、何かと目につきやすい馬関（下関）を避け、三田尻《みたじり》（現山口県防府《ほうふ》市）だった。

村田がどのくらい上海に滞在し、いつ帰国したのかははっきりしないが、藩から命じられた現地での銃器調達は不首尾に終わり、帰国後、坂本龍馬の亀山社中の仲介で改めて購入することになる。

大村益次郎と改名

ところで幕府はこうした村田らの動きを完璧に把握していた。外国奉行支配下の役人三人を現地に派遣し、村田の足取りを徹底的に調べ上げていたからである。

その年の暮れのことである。幕府は長州藩に「容易ならざる企てあり」として、尋ねておきたい件があるので、藩のしかるべき立場の者を広島城下まで出頭させるよう命じた。

時は同年十二月二十日、糾問の場となったのは広島城下の国泰寺《こくたいじ》である。幕府の問罪使は大目付の永井尚志《ながいなおむね》、これに対し長州側は山県半蔵《やまがたはんぞう》を家老宍戸《ししど》家の養子にして備後助《びんごのすけ》と名乗らせ、家老という触れ込みで広島へ送り込んだ。

長州藩に対する幕府の尋問項目は八つあり、その五番目が村田の上海密航に関するものだった。永井は長州藩の所有する蒸気船を村田が上海でアメリカ人に売り渡したことを指摘し、村田の花押のある証拠文書を示しながら、事実を認めるよう迫った。

これに対し宍戸は大芝居を打つ。そのような話は初耳であると、シラを切ったうえ、その船は先に外国船から攻撃を受けた際に沈没してしまい、そのあと引き上げて領内の三田尻の港に係留《けいりゅう》していたところ、いつの間にか行方が分からなくなってしまったと、大ウソをついた。

永井にしてもそんな見え透いた作り話を鵜呑《うの》みにするほど甘くない。繰り返し詰問する永井に向かって、宍戸は船を奪ったのはどこかの脱藩者か、浮浪の輩と思われる。それらの者が村田の花押を偽造した可能性があるなどと、のらりくらりと追及をかわし続けた。

しかし宍戸も内心では幕府がこれだけ村田蔵六の所業を摑《つか》んでいる以上、もし藩内査察や本人の身柄引き渡しなどを求めてきたら、厄介《やっかい》なことになると気が気ではなく、次なる一手を考えていた。そこで宍戸は永井との問答が終わるやいなや、藩庁に人を走らせ、村田蔵六の名前をただちに別名に変更させるよう要請した。藩側もただちに対応し、二日後、村田蔵六改め大村益次郎という新しい人物を誕生させた。

しかし村田は名前を変えたくらいで、世間から忘れ去られてしまうような男ではなかった。というのは幕府や諸藩に広くその面が割れており、しかも「火吹きダルマ」と呼ばれたほど、一度会ったら忘れられないユニークな容貌をしていたからである。

鈴木大《すずきはじめ》という水戸藩士によれば、村田の容貌は「小柄で色が黒く、頭が大きく、額が顔の半分近くを占め、太い眉、大きな耳、高い鼻梁」だったという。たしかに現存する肖像画を見ても、異常に広い額ばかりが目に付く。幕府の追及を逃れるための改名が、果たしてどれほどの効果があったのか疑わしい。

ともあれ幕府は村田の密航問題も含め、長州側の態度に反省の色がないとして、やがて第二次長州征伐に踏み切るのである。

土佐藩士・谷干城《たにたてき》

谷干城という名前を目にすると、わたしなどは遠い昔、歴史の教科書に「西南戦争の際、熊本鎮台司令長官として西郷《さいごう》軍の猛攻を斥《しりぞ》け、熊本城を死守した人物」として、立派な八字髭《はちのじひげ》をたくわえた顔写真が載っていたことを思い出す。

天保八（一八三七）年、土佐藩士の家に生まれた谷は、江戸遊学を経て帰国後、藩校致《ち》道館《どうかん》の助教授に迎えられる。その頃、土佐では尊王攘夷を旗印に土佐勤王党を結成した武市半平太の考えに同調する者が相次いでおり、谷もまたその一人であった。

藩命で長崎・上海へ

慶応二（一八六六）年十二月、当時、小監察（小目付）の役職にあった谷は同僚の前野悦《まえのえつ》次郎《じろう》とともに藩庁から長崎および上海への出張を命じられる。谷らに課せられた任務は二つあり、一つは長崎に滞在している後藤象二郎の身上調査であり、もう一つは上海での海外事情の探索である。

このうち後藤の身上調査というのは、当時長崎で樟脳《しょうのう》や鯨油《げいゆ》など土佐の特産品を輸出し、その代金で艦船や銃器などの買い付けにあたっていた後藤について、会合や遊興のために藩の公金を湯水の如く費消しているとの悪評が絶えず、高知城下にまで届いていた。そこで藩庁は谷らに、事実関係を調べるよう命じたのである。

「後藤は長崎に出張以来、縦横にその才腕を揮《ふる》い、負債は山の如く生じたけれども深く大鵬の志を秘め、屢《しばしば》、外商と宴席に会して豪遊を試み、帰期を忘れたもの丶如くであった。土佐藩庁に於ても、後藤が出国以来殆んど半歳（年）にして未だ帰期を通じ来らざるのみならず、豪遊驕奢に耽るとの風聞を得て、其真相を探るべく、遂に小目付前野悦次郎と子（谷）に長崎及び上海出張を命じた」

（『子爵谷干城傳』平尾道雄著）

暮れも押し詰まった十二月二十二日、谷らは高知を出立し、翌年一月十三日、長崎に到着した。翌日二人は早速、後藤のもとを訪ね、上海行きの相談をしつつ、身辺調査を試みた。谷らが公金乱費の疑惑について本人に問い糺《ただ》すと、後藤は言下にこれを否定し、またそのような痕跡も確認できなかったため、早々に詮議《せんぎ》を打ち切った。のちに土佐へ戻った谷らは周囲から、後藤に対する追及が甘かったのではと、批判を浴びるが、実際のところ、後藤にうまく丸め込まれたとみてよい。

ところが上海のことに話題が及ぶと、後藤の舌は一転して滑らかになった。実は後藤自身も前年の八月二十五日から一〇日間ほど、上海へ密航しており、現地事情に詳しかったからである。このため谷らは連日、後藤のもとへ通い、上海への渡航方法や現地でどのように動いたらよいかなどについて助言を求めたが、打合せは必ず酒宴に変じた。

何せ土佐は「酒を呑めずして何が男か」という土地柄で、殿様自らが「鯨海酔侯《げいかいすいこう》」と称し、朝と言わず夕と言わず、傍らに酒を置き、口にするほどであった。家臣の中にも大酒呑みがゴロゴロおり、後藤もまた大のつく酒好きだった。長崎滞在中の谷の日記で目に付くのは、後藤やイギリス商人らと連日酒を飲んだという記述ばかりである。

「一月一四日結髪致し、後藤氏へ行く。上海行きの事談ず。八ッ頃（午後二時）後藤氏の誘ひにより、英人の商館へ行く。酒、菓子抔（など）馳走出す。且、明日、本宅へ案内なり。帰りに清風亭と云う料理屋へ行き、四ッ頃（午後一〇時）帰る。当夜、大酔にて眠る」

「一月一五日後藤氏へ行き、渡海の事を段々示談致す。夫（それ）より浜の町の此度、後藤氏（が）買入れ候商館へ行き、帰り一酌致す。時に大谷氏ら四人宰府より来り、則同宿致す。又酒に成る。然るに今日は彼英人の招（き）につき、珍物抔（など）見物致し、夫より馳走の間へ行き、段々の馳走に合う。右英（人）の女房且（かつ）其姉出合（出会い）共に飲（む）」

（『上海行日誌』以下『日誌』）

それでも上海行きの段取りは日に日に詰まっていき、谷と前野のほかに松井周助《まついしゅうすけ》と大庭《おお ば》源次兵衛《げんじべえ》も加わり、あわせて四人で向かうことになった。藩庁が谷に上海行きを命じたのは、武市らの思想に染まっていた頭を外の世界へ向けさせようとしたためだが、図らずも谷は長崎滞在中に早々と考えを変えている。それは当地で後藤や坂本龍馬から「討幕をまず果たし、そのあとで攘夷に取り組む」という主張を聞き、共感したことに加え、多くの外国船が出入りしている長崎の賑わいを目にし、攘夷実現など容易なことではないと、思い知らされたからである。

谷らの渡航を手助けしたのは、後藤が日頃から懇意《こんい》にしているイギリス系商社のオルト商会である。

「一月二五日今日上海へ渡海の用意致す。夜五ッ（午後八時）頃ヲールトの商会へ行き、ノートンと云う人を待つ。九ッ（深夜一二時）頃、同人来り、共に船に乗る。此船は英の飛脚船なり。随分部屋も広し。先に眠る」（『日誌』）

この頃、つまり慶応三（一八六七）年一月と言えば、誰でも渡航申請さえすれば、印章（現パスポート）の発給を受けられ、合法的に出国できるようになっていたが、谷らが短期間にそのような手続きをした形跡はない。いや飛脚船へ乗り込んだのが真夜中ということからも、奉行所の役人の目を意識していたことがうかがえる。

ところでこの頃上海へ密航した日本人の中で、実にユニークな方法で国を脱け出した者たちがいる。彼らは筑後久留米藩（現福岡県）の藩士今井《いまい》栄《さかえ》ら六名で、慶応二（一八六六）

年九月三日、蒸気船や帆船を調達するため、藩庁に無断で上海へ向かうことになった。彼らはどんな方法を採ったのか、当日の今井の日記を見てみよう。

「西洋十二字（時）、自分ら六名の者、我（が藩の）玄鳥丸と云う船に乗り、崎陽（長崎）を去る三里余（約一二キロメートル）の沖に至る。五字（時）前に至り、巨大な火輪船（蒸気船）来り、我船の傍にて輪を止む。即ち六名の者、端船にて彼の大船に乗り移れば、グロース忽ち出て来て甚だ慰労し……」

（『秋夜の夢談』今井栄著）

お分かりいただけただろうか。彼らは久留米藩所有の「玄鳥丸」で長崎港外まで移動し、そこで上海行きの外国の蒸気船を待ち受け、乗り移ったのである。待ち合わせポイントは長崎と上海を結ぶ船の航路上であった。この作戦は、長崎駐在のオランダ領事ボードインと、たまたま長崎に来ていて任地へ戻る予定の同国の上海駐在領事グロースの二人が立案し、イギリスの飛脚船の船長を巻き込んで実施したものである。監視の目が届きにくい海上で船を乗り換えるとは、なかなか巧妙な方法を考えたものである。

四日間の上海滞在

谷らの話に戻そう。

一行がノートンなる人物の案内で乗り込んだ船はすぐに出航せず、夜が明けるのを待って長崎の港を離れた。谷の日誌によると、一泊二日の航海中、彼はずっと酒酔いならぬ船酔いに悩まされ、「大酔眠る」「頭上がらず」「今日も頭上がらず、只上海着を待つのみ」という状態が続いた。

二日後の二十八日に上海着。貨物を積んだ大型の蒸気船が頻繁に川を上り下りしている。イギリスやロシアなど各国の軍艦や商船がひしめきあっている。両岸には西洋風の建物が建ち並んでいて壮観である。砲台は残っていても、大砲はアヘン戦争の際、イギリス軍に奪われて、今は一つもない。

ノートンの案内で上陸し、馬車でイギリス人経営の宿に入った。出発前、谷は後藤より上海に着いたら、赤い袴を身に着けて外出するようにと助言されたため、言われたままの姿で上陸すると、一人としてそんな格好している者はいなかった。その時、谷は後藤にはめられたことを知り、苦笑いした。

この日から二月三日、帰国の途に就くまで、谷の上海滞在はわずか四日間であった。この間西洋式製鉄所、造船所、製砲工場などを見学したが、どれも規模の大きさに驚かされた。一方清国人街に足を踏み入れると、三人並んで通るのも難しいほど道路は狭く、しかも不潔極まりなかった。

一行が上海で痛感したのは、欧米人が自国から遠く離れた地で、軍事力を背景に居座り、わがもの顔に振る舞っている姿であった。谷は改めて富国強兵なくして攘夷など絵空事であるとの思いを強めるのであった。その意味で、谷にとって長崎、上海への探索旅行は藩庁の思惑通り、井の中の蛙の発想を捨て、世界へ目を開く機会となった。

雑多な在留日本人

ところで谷にとって、上海にこれほどさまざまな日本人が滞在しているとは思いも寄らぬことであった。到着した翌日にはこんな同胞と出会った。

「今日、日本の夷人二人（と）出合う。一人は阿波、一人は江戸とかの者にて八戸順叔とか云う極（極めつき）の洋脳味噌にて、説話聞くに不堪（堪えず）、且つ自負甚だ高く（中略）軽薄可知（知るべし）」

（『日誌』）

谷がこの日出会った二人の西洋かぶれした日本人のうち、阿波というのは現在の徳島県の出身者かと思われるが、どんな人物なのかは不明である。もう一人は八戸順叔と言い、谷が「極めつきの洋脳味噌」と評した人物である。

この八戸は名前を喜三郎《きさぶろう》、または弘光《ひろみつ》と言い、江戸生まれとされる。英語ができたようで、安政六（一八五九）年に来日したアメリカ領事館の書記官ヴァン・リードの通訳を務めたのが縁で、以後しばらく同人と行動を共にする。

慶応元（一八六五）年、ヴァン・リードが体調を崩し、療養のため本国へ一時帰国する際に同行してアメリカへ渡る。この時点では八戸の渡航は密出国である。翌年、病から回復したヴァン・リードと日本へ戻ろうとしたが、八戸は非合法に出国しているため、上陸できず、そのまま香港へ向かった。同地にあるヴァン・リードと関係の深いアメリカ系商社オーガスティン・ハード商会を紹介されたからである。同商社に勤務した八戸は、香港と上海の間を頻繁に行き来しており、谷らと会ったのもそんな時期だった。

また別の日本人にも会った。

「浜松人とか申し、一人日本服にて来る者あり。是も彼の八戸に役せられたる體に見えたり。此の人は八人連れとか云う事なり」（『日誌』）

谷の言う「浜松人」とは、幕府の第三回上海視察団九名の一員として派遣され、当地に滞在していた浜松藩の兵学者、名倉予何人《なくらあなと》のことである。彼は幕府の遣欧使節団（横浜鎖港談判使節団）に同行した際にこの地へ立ち寄ったのをはじめ、第一回の上海視察団にも加わっており、上海訪問はこれが三回目である。だが彼の場合、いずれも幕府公認の渡航であった。

第三回上海使節団は前二回の貿易事情視察とは異なり、諸術修業が目的だった。一行の中には日本における油絵洋画の創始者で、のちに代表作『鮭』で知られる高橋由一《たかはしゆいち》（当時は佁之助《いのすけ》）なども含まれていた。

彼らは横浜を一月十一日に発ち、当地には同月十五日到着、以後約一カ月半の清国滞在中、上海をベースに蘇州《そしゅう》や南京《ナンキン》へも足を延ばしている。この間、八戸ら当地在留の日本人とも親しく交流している。

このあと八戸らは二度ほど、谷らの滞在しているホテルを訪ねて来た。その時の応対ぶりが面白い。最初は初めて顔を合わせた日の晩だった。

「夜、日本夷人三人来る。五ッ（午後八時）過ぎ帰る。余（谷）と悦次郎（前野）の二人は黙して（彼らの話を）聞く。軽薄益々甚だし」（『日誌』）

そして二度目は帰国前夜である。

「彼（かの）八戸順叔と浜松藩（名倉）来る。皆格別談も無き奴と見えたり。余等元来咄し（話）合わぬと見込候、故（に）順叔抔（ら）に対して、総て一言も発せず。姓名を問われたれども不対（相手にせず）」（『日誌』）

谷らは八戸と名倉たちを徹底的に無視したようである。

このほか宣教師ヘボンに伴われ、和英辞書『和英語林集成』の印刷のために渡航した銀次郎（のちの岸田吟香《きしだぎんこう》）とも顔を合わせている。さらに久留米藩の今井栄が「本朝婦人を見る。人に尋ねしに婦人三人程、洋人に従いて来り居ると云」（『秋夜の夢談』）と記しているように、西洋人の妾となった長崎の元遊女なども渡航していたとみられる。まさにこの頃、上海には合法、非合法を問わず、さまざまな日本人が頻繁に訪れ、街の中で出会っても何の違和感もなくなっていたようである。

前紀州藩士・陸奥宗光《むつむねみつ》

上海密航は揺るがぬ事実にもかかわらず、本人の回想録にも幕末期の諸記録にも一切残っていないというのが、陸奥宗光のケースである。陸奥と言えば、明治の中頃、第二次伊藤博文内閣の外務大臣として、徳川幕府が欧米諸国との間で結んだ不平等条約の改正に辣腕《らつわん》を振るい、「ミスター条約改正」とか「カミソリ大臣」などと呼ばれたことで知られる。

徳川御三家の一つ、紀州和歌山藩の藩士の家に生まれた陸奥は若い頃から才気煥発、行動力旺盛で尊攘思想に傾倒、脱藩して長州や土佐の志士たちと交わった。坂本龍馬と出会ったのは幕府の神戸海軍操練所で、以後海援隊、亀山社中などを通し、行動を共にする。

亀山社中では龍馬の片腕とも知恵袋とも言われるほど頼りにされ、龍馬も「刀を二本差さなくとも食っていけるのは俺と陸奥だけだ」と言うほど、その才覚を買っていた。その陸奥の足取りがぷっつりと途絶えた時期がある。それは慶応二（一八六六）年頃のことである。

ところが陸奥の空白期の足取りは後年、意外なところから判明する。それは薩摩藩出身の松木弘安、のちの寺島宗則が後年に著した回想録の中で、慶応二（一八六六）年にヨーロッパから帰国する際、上海で乗り換えた船の中で、陸奥と出くわしたと述べたことから明らかになった。

少し説明を加えると、松木は元治二（一八六五）年、薩摩藩の留学生らとイギリスへ密航したが、翌年村橋直衛《むらはしなおえ》とひと足先に帰国することになり、三月二十八日、フランスのマルセイユから上海行きの船に乗った。五〇日余の船旅を経て上海へ着き、ここで長崎へ向かうイギリスの帆船に乗り換えたところ、たまたま同じ船に陸奥と林多助《はやしたすけ》という薩摩藩士が乗っており、言葉を交わしたというのである。その場面について松木はこう述べている。

「幕命を得たる官員の外は外国に出るを禁ずるの制なるを以て、去年発船の時も薩領より秘に抜碇（出発）し、今回も長崎に入らざるなり。該船（上海から乗った船）に陸奥宗光及び薩人林多助在り。何故乗船すと問えば、帆船の使用を学ばんが為なりと。阿久根《あくね》海岸にて陸奥に別れ、林も上陸し、三名帰鹿す（鹿児島へ帰る）」

（『寺島宗則自叙年譜』寺島宗則著）

ここには興味深い事実が詰まっている。一つは松木らの帰藩ルートである。先に紹介したように彼らは国禁を破って脱国した以上、帰国の際も幕吏の目が光る長崎へは戻れないことを自覚していた。よって五月二十四日、船が薩摩藩領の阿久根海岸の沖合へ達した時、村橋、林とともに小船に乗り移って上陸したのである。

そしてもう一つは陸奥の件である。陸奥は松木に帆船の操縦術を学びに行った帰りであると答えたというが、いつ、どのような方法で日本を出て、どこで、誰から帆船の操作訓練を受けたのか、さらに薩摩藩の林と行動を共にしていたのか、たまたま帰国船が同じだったのかなどは不明である。確かなのは陸奥が密航によって上海あたりまで足を延ばしたということだけである。

松木ら三人と別れたあと、陸奥はどうしたのだろうか。船はそのまま長崎へ向かったとみられるが、陸奥とて密出国した以上、胸を張って帰国できる立場になかった。果たしてどのように上陸したのだろうか。

ところで陸奥の密航目的とはいったい何だったのか。歴史家の萩原延壽《はぎわらのぶとし》は、亀山社中でも頭の回転の速さは一、二を争い、人一倍自信家の陸奥と他の仲間たちとの間で無用のトラブルが起こることを懸念した坂本龍馬が、陸奥にだけ自由な行動を認めたのではと推測している。

「坂本龍馬は、このような陸奥の才能を惜しみ、しかも、それが陸奥のつよい自負心と結んで、亀山社中の内部ではかえって反感や憎悪をひきおこしかねないことを考慮して、陸奥には、いわば独自の道をあゆむことを許していたのではないだろうか。
慶応二年のころの亀山社中の活動の記録から、陸奥の名前がほとんど消えてしまうのは、そのためではないか」
（『陸奥宗光　上巻』萩原延壽著）

実は龍馬にも上海密航説がある。海外事情に強い関心を抱いていた龍馬なら、密航を図ったとしても何ら不思議はないが、国事に追われ、東奔西走《とうほんせいそう》する身に、果たして国を留守にする暇などあったのかどうか。

そこで考えられるのは、龍馬が有能さは認めるものの、当時亀山社中内で仲間から遊離しがちだった陸奥を守るため、しばらく暇を与えて海外へ送り出し、あわせて自分の果たせなかった海外事情探索の夢を彼に託したのではないかということである。

陸奥はこうした龍馬の格別な配慮により、グラバーの協力を得て上海密航を果たし、現地では帆船の操縦訓練を受けながら、欧米諸国の動向や最新の武器・艦船の調査を行なっていたのではとみられる。

それにしても、なぜ陸奥は自分の密航を語らなかったのか、なぜ寺島の証言が世に出るまで、陸奥の海外密航話が外部に漏れることがなかったのか、不思議でならない。

第三章　単独密航

ロシア使節団に直訴してペテルブルグへ・橘《たちばな》 耕斎《こうさい》（ロシア）

江戸時代、海難事故により、カムチャッカ半島やオホーツク海沿岸など極東ロシア領へ漂着した日本人は多いが、自分の意思でこの国をめざしたのは元遠州《えんしゅう》掛川《かけがわ》藩士（現静岡県）の橘耕斎が最初である。彼はまたヨーロッパ経由で当時の都ペテルブルグ（現サンクトペテルブルグ）に入った最初の日本人でもある。

橘耕斎は晩年、増田甲斎《ますだこうさい》とも名乗ったが、ここでは世界初の日露辞書『和魯通言比考《わろつうげんひこう》』に共同編纂者として記されている橘耕斎という名前で話を進める。

謎多き人物

耕斎の前半生については諸説あり、自らも書き残していないため、不明な点も多い。確かなことは彼が文政三（一八二〇）年、掛川藩士の次男として生まれ、もともとの名前は立花粂蔵《たちばなくめぞう》（久米蔵）であったことや、長じて同藩五代藩主、太田資始《おおたすけもと》から特命を帯びて密かに行動する、いわゆる「お部屋番」を務めていたことくらいである。

その後、どんな事情があったのか、脱藩してやくざの親分になり、人を殺《あや》めたとか、主家の宝物や什器を盗んで売り飛ばし、その金で女郎買いはする、酒は飲む、博打《ばくち》にのめり込むなど放蕩の限りを尽くしたとか、あるいは仏門に入り、江戸の池上本門寺《いけがみほんもんじ》で修行したものの、寺を飛び出して諸国流浪の旅に出たとか、さまざまな説が流布されている。

ロシア密航の動機もまた諸説あり、その一つは、かつて仕えていた主君の太田資始から、ロシア事情探索の密命を受けたというものである。幕府の老中職を三度も務めた資始は海外事情に強い関心を抱く開明的な人物として知られ、日本の近海に欧米列強の船が頻繁に出没していることや、隣国清がアヘン戦争でイギリスに敗れて植民地化されたことに強い危機感を抱き、海防強化の必要性を訴えていた。

資始は耕斎に対し、近い将来、日本にとってロシアとの関係が重要になるので、この国のことをもっと研究する必要があるとして、極秘に情報収集するよう命じ、それがロシア密航につながったとされる。

その耕斎にとってロシア情報を得るための絶好の機会が到来する。嘉永七（一八五四）年十月十五日、プチャーチンを全権とするロシア使節団が日本との和親条約締結を目的に軍艦ディアナ号（二〇〇〇トン）で伊豆半島南端の下田に来航したからである。

（いよいよロシア人に接触できる！）

耕斎はこの情報を耳にすると、僧侶姿になって早速、下田へ向かった。ある日、耕斎は下田の町なかでゴシケヴィッチという使節団の中国語通訳と知り合う。そのロシア人には日本語を学びたいという気持ちがあり、教えてくれる日本人を探していたのであった。雲水姿の耕斎を見て、教養のありそうな人物と思ったのだろう。耕斎にとってもロシア人と懇意《こんい》になることは願ってもないことだった。少なくとも二人は漢字によって意思疎通ができた。

ところが知り合ってまもない十一月四日、思わぬ出来事が発生する。世に言う安政の大地震である。下田の町は大津波に襲われ、家屋の倒壊流失が相次ぎ、全戸数八七六戸のうち、無事に残ったのはわずか四戸だけという大被害を蒙《こうむ》った。港内に停泊中のディアナ号も激浪に翻弄《ほんろう》され、一説によると、三〇分に四二回も回転したともいわれる。船体は大きく損傷し、航行不能に陥った。幸い五〇〇名もの乗組員は地元の漁船などによって救助され、そのほとんどが一命をとりとめた。

ディアナ号の幹部らは同艦の修理を下田で行ないたいと、幕府に申し出たが、拒否される。当時ロシアはトルコおよび英仏両国との間で戦争（クリミア戦争）の最中であり、いつ敵国の軍艦が下田へ入港して不測の事態が起こるとも限らないと、幕府が危惧《きぐ》したからである。そこで幕府は伊豆半島西岸の戸田《へだ》村をディアナ号の修理地に指定し、回航させることにした。

ところが同号は戸田へ曳航中、嵐に見舞われ、現在の富士市沖まで流された末、浸水がひどくなり、ついに駿河湾に沈没してしまう。ロシア側は乗員の本国帰還が不可能になったため、急きょ代船建造の許可を幕府に求め、幕府もこれを認めた。ただし多数の外国人が長く国内に留まることは望ましくないとして一〇〇日以内、つまり約三カ月で完成させるよう厳命した。

当時の戸田村にはディアナ号ほどの規模の洋船を建造する設備もなく、技術者もいなかった。五〇人乗り一〇〇トンクラスの和船の建造がせいぜいだった。このため設計図はロシア人が引き、これを日本人のオランダ語通詞が地元の船大工らに伝えながら作業を開始した。耕斎もロシア人たちとともに戸田へ移った。

耕斎がゴシケヴィッチと最初に出会ったのは下田ではなく、戸田村だったという説もある。耕斎はロシア人たちが下田から戸田に移って暮らしていることを聞きつけ、ふらりと現われたというのである。もともと掛川藩は伊豆半島西岸に飛び地の藩領があり、耕斎も土地勘があったとみられる。

彼はロシア人幹部が宿舎にしていた戸田の宝泉寺《ほうせんじ》へ潜り込む機会をうかがっていたところ、ほどなくゴシケヴィッチとの接触に成功する。そこで耕斎は順知と名を変え、毎晩、陽が落ちると、雲水姿で山門をくぐり、庭に面したゴシケヴィッチの部屋を訪ねるようになった。二人は互いにロシア語と日本語を教え合い、ゴシケヴィッチの企図《きと》する日露辞典の編纂に必要な言葉を集積していった。

ロシア行きを直訴

日本初の本格的洋式帆船の建造は約二〇〇名の作業員によって夜を日に継いで進められ、予定を早めて八〇日足らずで完成にこぎつけた。プチャーチン提督は大いに満足し、協力してくれた戸田の人々への感謝の気持ちを込め、新造船を戸田号《へだごう》と名付けた。

戸田号の完成を前に、ロシア側は乗組員の本国帰還を開始し、下田に入港したアメリカ商船フート号を傭船し、第一陣として一五九名を帰国させた。次いでプチャーチンら四七名が竣工《しゅんこう》したばかりの戸田号に乗り込み、安政二（一八五五）年三月二十二日、日本を離れた。

最後まで残った二七八人の第三次送還のため、ロシア側が用意したのは下田に入港していたドイツ船籍で、当時アメリカ艦隊に傭船されていたグレタ号という商船である。戸田号が去ってから二カ月あまり経った五月二十八日、二本マストのグレタ号が戸田村の沖に現われた。

この間、耕斎はゴシケヴィッチの求めに応じ、彼の滞在する宝泉寺で日露辞典編纂の手伝いを続けていたが、最後のロシア人の送還が決まったことを耳にすると、落ち着かなくなった。幕府の役人たちが、ロシア人の滞在する宿舎に日本人の僧侶が紛れ込んでいることを嗅ぎつけ、厳しい監視の目を光らせていたからである。

そこで耕斎はまもなく日本を離れるゴシケヴィッチにロシア語を学びたいのでロシアへ一緒に連れて行ってほしいと直訴する。一日も早く日露辞典を完成させたいゴシケヴィッチに異存があろうはずはなく、上層部へ耕斎の同行を強く進言した。幹部も今後の両国関係を考えた場合、日本語を理解するロシア人の育成は急務であり、日本語教師の確保という意味からこれを許可した。

ここまでは耕斎がかつての主君から命じられた対ロシア情報の収集という任務達成のために、ロシア側に接近し、密航の機会を探っていたというストーリーであるが、これに対し、耕斎のロシア行きはまったくの個人的事情によるものとする説がある。それは悪事を働いて幕吏《ばくり》に追われた末、切羽《せっぱ》詰まったうえでの行動だったというものである。ロシア側で記された『グレタ号日本通商記』（F・A・リュードルフ著／中村赳訳）には次のように記されている。

「この不幸な男は、さまざまの機会にロシアの将校の手助けをして、細々したものを買い入れた。外人と売買することを、日本で厳禁されているもの、たとえば日本の貨幣、刀剣などをである。しかし、ついに役人に見つかって、縛られ、すんでのところで首をはねられるところを、うまく脱走して助かった。そして、ロシア人に保護を嘆願した。ロシア人は、この男をしばらくかくまい、今ロシアへ連れて行こうとした」

次に日本側の記録である。旧薩摩藩士の松村淳蔵が後年、旧幕臣の田辺太一《たなべたいち》から聞いた話として、こう語っている。

「田辺太一君曰く、橘耕斎は元伊豆戸田村附近、一法華寺の僧侶上がりなりしとか聞けり。同人の露国に赴きしは安政元年、露使『プーチャチン』（ママ）来航の際、伊豆下田大激浪の為、艦楫《かんしゅう》を壊られたるより、更に戸田附近にて小船舶を建造する時に、乗組露人が宿泊せし所より懇ろとなり、此際日本地図を売りしとかにて露の金貨を貰い喜びに堪えず、元来遊惰の人物と見え、沼津に出で妓楼に流連し（居続け）、金貨を出して妓女等へ示し誇りしことあり。幕吏の注意を受け、恐れを抱いて戸田に逃れ帰りしが、偶々露船成り（完成し）、一行帰国に臨み、橘は一身を危ぶみ、切に露人に請う所ありしより、終に連れ行きしものとも云えり」

（『海軍中将松村淳蔵洋行談』松村淳蔵著）

脱国手段

グレタ号への荷物の搬送作業が始まり、大型ボートが慌ただしく浜と沖の本船とを往復した。海岸には日本側の役人たちが陣取り、終日ロシア人の行動や積荷に監視の目を光らせていた。同時に宝泉寺のロシア人のもとへ出入りしている僧侶姿の日本人を間違っても脱国させてはならぬと、警戒を強めていた。

米、小麦、野菜、干魚などの食料が積み込まれ、飲料水を水槽に満たすと、出航の準備は万事整った。戸田に駐在する幕吏の中で最も地位の高い者がグレタ号を訪れ、船内を巡《じゅん》見《けん》した。船内に日本人が匿われていないか、探る目的もあったのかも知れない。だがこの時点で耕斎はまだ乗船していない。

夏の長い一日が暮れ、夜の帳《とばり》が落ちた。ロシア人乗員のグレタ号への乗船が始まったが、宝泉寺ではゴシケヴィッチを囲んでロシア人幹部たちが額を寄せ合い、日本人僧侶をいかにしてグレタ号へ運び出すか、協議を続けていた。

その時、海岸から戻った者が、日本側の監視体制がより厳しくなっているとの情報を伝えた。役人たちは浜辺でボートに乗り込むロシア人水兵たちの顔に一人ずつ提灯を向け、日本人でないことを念入りに確認しているというのだった。もはや耕斎をロシア人水兵たちに紛れ込ませて脱出させることは不可能で、何か大きな荷物の中に入れて運ぶほかないとの結論で一致した。さて何に入れて運ぶのか。

耕斎本人はこの間の事情について一切書き残していないので、周囲の者たちの証言から推測するしかないが、搬送方法をめぐっても諸説あり、はっきりしない。
たとえば明治十六（一八八三）年、ペテルブルグ神学大学に留学した岩澤丙吉《いわさわへいきち》はロシア滞在中、グレタ号に乗り込んでいたロシア人水夫の子供から次のような話を聞いたとしている。

「ロシア人がバラックから米船へ乗り込む時に、彼（耕斎）を大きな櫃《ひつ》の中に入れて、荷物のやうに見せかけて船まで運んだ。さていよいよ出帆の日になって船へ検視の役人がきた時に、耕斎に水兵茶番用の赤毛の鬘《かつら》を冠らせて、毛布をきせて後向きに寝かせ、伝染病にかかった水兵だと云ったら、役人は顔をそむけて立ち去ったといふ」

（『日露交渉史話』平岡雅英著）

＊櫃（ふたが上方に開く大型の箱のこと）

この説によれば、耕斎を入れた大きな箱は海岸で監視する日本の役人たちの前を怪しまれることもなく、すんなり通過したことになる。グレタ号に運び込まれた耕斎は箱から出て、今度は病気のロシア人を装った。水兵たちが船上で余興の際に用いる赤毛のカツラをかぶり、水兵の服を着てロシア人になりすました。日本の役人が船内の見回りに来た時、今度は伝染病に罹患している病人のふりをし、顔を見せぬよう後ろ向きになって寝ていた。船員から伝染病患者だと告げられると、さすがに役人も顔をしかめ、「くわばら、くわばら」とばかり、あたふたとその場を立ち去ったということなのだろう。

しかし耕斎が隠れたのが何の変哲もない、ただの木箱だったとしたら、日本側の役人に怪しまれ、「その箱の中身は何だ、開けてみせろ」と言われたはずである。それがフリーパスで通ったということは、役人たちに「その箱なら問題ない」と思わせる何らかの細工が施されていたのではと考えられる。

ノンフィクション作家の木村勝美《きむらかつみ》は耕斎の生涯を描いた作品の中で、その箱とは司祭が礼祭に使う儀式道具の収納箱だったとしている。

「儀式用具箱は、横臥したおとなが、ゆうにはいれるほどの大きさがある。上蓋《うわぶた》に教会の紋章が金箔でしるされていた。

この夜は小雨がおちていた。

マホフ司祭が先頭に立ち、六名の水兵が儀式用具箱を、両側から担いで、宝泉寺の山門を出た。荷物を積み出す海岸までは、彼らの歩速で十分ほどである。

松明《たいまつ》を掲げた数十名の役人が、二列に並んでいる先の水際で、荷物の積み込み作業が行われていた。一行は、松明の列の間を進んだ。

提灯を手にした役人が、マホフ司祭に近寄って来た。水兵たちの肩のうえで、金箔の紋章が、夜目にもくっきりと浮かびあがった。役人たちが紋章に目を止めた。彼らは、困惑の色を浮かべ、黙って左右に手を振って、運搬を促した。儀式用具箱は、無事大型ボートへ積み込まれた」　　　　（『日露外交の先駆者　増田甲斎』）

これに対してグレタ号の乗組員は箱ではなく、樽《たる》だったとしている。

「六月一日
土曜日、朝四時、ロシア人が樽を一本運び込んだ。そして、甲板の上で、蓋を開けた。その中に、日本の坊主が入っていた。開けたとき、両脚が最初に現れた。この哀れな男は、かような痛ましい姿勢で、ほとんど全行程を陸からやって来た」

（『グレタ号日本通商記』）

樽とはウォッカか、ワインの酒樽だろうか。またここで「ほとんど全行程」とあるのは、宝泉寺で樽の中に入り、グレタ号の甲板に運び込まれた時までの移動を意味していると思われる。

箱なのか、樽なのか、どちらが正しいのか、判断しかねるが、いずれにしろ耕斎は狭い空間に押し込まれ、窮屈な体勢で、グレタ号へ乗り移ったのである。ゴシケビッチはこの搬送作業を見届けてから乗り込み、船が戸田を離れたのは午後六時頃だった。耕斎はこれでようやくロシアへ行けると、晴れ晴れした気分で甲板に立ち、遠ざかって行く夕暮れの富士山に別れを告げた。

だが耕斎らはそのまますんなりとロシアへ向かうことにはならなかった。グレタ号がオホーツク海を北上中、当時クリミア戦争で交戦中のイギリスの戦艦パラコーダ号に拿捕《だほ》されたからである。グレタ号は近くのアヤン港に曳航されたが、そこはイギリスの分遣艦隊が停泊していた。

イギリス軍はロシア人全員を捕虜にすると宣言し、聖職者と病人を除く者たちが四隻のイギリス艦に分乗させられた。耕斎も捕虜となって、とりあえず香港へ移送されることになり、そこで四カ月におよぶ拘留《こうりゅう》生活を送ったあと、イギリス本国へ向かうと告げられた。

スエズ運河の開通前で、船はアフリカ南端の喜望峰沖を回り、ロンドンへ到着したのは一八五六年四月、日本を出てから約九カ月後のことであった。この間、クリミア戦争は終結し、ロンドン到着後間もなく捕虜全員が釈放され、晴れて自由の身になった。

耕斎はゴシケヴィッチらに伴われ、汽車でドーバーへ向かい、そこから船で海峡を渡り、フランス上陸後は再び汽車を乗り継いでロシアをめざした。パリから三泊四日の鉄道の旅を経て、最終目的地のペテルブルグの町に入ったのは四月二十四日である。ここに三六歳の橘耕斎、宿願《しゅくがん》であったロシア入りをついに果たしたのである。

ロシアでの日々

この日から一八年間、耕斎はペテルブルグに暮らした。名前をロシア風にウラジミール・ヨシフォヴィッチ・ヤマトフと変え、ロシア外務省アジア局で日本関係の文書の翻訳を担当したり、訪露する日本人の世話にあたった。そして後年は請われてペテルブルグ大学に開設された日本語学科の講師を務めた。

しかし何と言っても、彼のロシアでの最大の功績は伊豆の戸田村に滞在してからゴシケヴィッチと編纂作業を続けてきた日露辞典『和魯通言比考』を完成させたことである。同辞典は四六版で、本文は四二三ページ、収録された言葉は一万八〇〇〇語にのぼる堂々たるもので、表紙にはゴシケヴィッチとともに協力者として橘耕斎の名が記されていた。

ペテルブルグに来て七年が経った文久二(一八六二)年七月、竹内保徳を正使とする幕府の遣欧使節団がこの地を訪れる。使節団の接遇委員を命じられた耕斎は、一行が日本にいるのと同じようにくつろいだ気分で過ごしてもらおうと、周到な準備をして出迎えた。

宿舎の各部屋の机の上には、墨壺、羽筆、料紙《りようし》、封筒、折封《おりふう》、刀子《とうす》(ナイフ)などの和風筆記用具のほか、日本産の糸タバコと巻タバコを置いた。また部屋の隅に刀架《とうか》、ベッドには箱枕、浴室には身体を洗う糠袋など、細かいところまで日本風の心配りを忘れなかった。もちろん食堂では毎回、白飯、漬物、大根おろし、魚の塩焼きなど和食を提供した。どれもこの町の中国人商店を通して日本から取り寄せたものであるだが耕斎はあくまで裏方に徹し、決して一行の前に姿を見せようとしなかった。国禁を破って出国したことに負い目があったからである。しかし使節団の間では、この建物の中に間違いなく日本人がいるはずと囁《ささや》かれていた。

「接待委員の人々と懇意になって種々様々な話もしたが、その節ロシアに日本人が一人居るという噂を聞いた。その噂はどうもまちがいない事実であろうと思われる。名はヤマトフと唱えて、日本人に違いないという。もちろんその噂は接待委員から聞いたのではない。そのほかの人から洩れたのであるが、まず公然の秘密というくらいなことで、チャントわかっていた。そのヤマトフに会ってみたいと思うけれど、なかなか会われない。とうとう逗留中出て来ない」

(『福翁自伝』福沢諭吉著)

ドアの隙間から見る同胞の姿、耳にする日本語、耕斎は無性に懐かしかった。ただただ日本が恋しかった。一行の前に飛び出して行きたい衝動を懸命にこらえた。

彼が日本人の前に初めて姿を現わすのは、使節団が去ってから三年半後、幕府派遣の留学生六名が到着した時で、それ以降ロシアを訪れる日本人には自ら進んで接触し、世話を焼いた。

望郷心は募るものの、もはや帰国を諦めていた耕斎に転機が訪れるのは、時代が明治へと移り、同六（一八七三）年三月、この地を訪れた岩倉《いわくら》使節団の団長、岩倉具視《ともみ》と出会った時である。岩倉は過去の脱国の罪は問わぬから、これまでの経験を新生日本で生かしてくれまいか、仕事や住居の心配は無用であると、帰国を強く促《うなが》した。日本側のトップがそこまで言ってくれるのならと、耕斎は感激し、それに応えることにした。

それから一年余、大学での日本語講義を律儀にも契約期間の満了までこなし、翌年七月、ペテルブルグの町を離れた。日本に帰着したのは九月、以後の耕斎は東京に居を定め、仕官することもなく、ロシアから送られてくる年間三〇〇ルーブルの年金で質素に暮らし、明治十八（一八八五）年五月、六五歳で没した。墓は東京都港区高輪《たかなわ》の源昌寺《げんしょうじ》にある。

幕末のパリに現われた謎の日本人青年・斎藤健二郎《さいとうけんじろう》（フランス）

ケンと名乗る日本人

元治元（一八六四）年三月、徳川幕府の遣欧使節団の第二陣として池田筑後守長発を正使とする一行がパリに到着してから三日目のことであった。この日、フランス政府から使節団全員の記念写真を撮りたいとの申し入れがあり、一行は滞在中のホテルから馬車に分乗して指定された市内の医学研究所へ向かった。なぜ記念写真を撮るのに医学研究所だったのか。それは単に外交使節の記念写真というだけでなく、日本人の体格や骨相、面相などを解剖学的に研究する目的がフランス側にあったからである。

研究所に着くと、そこには洋服姿の若い小柄な東洋人がおり、一行を笑顔で出迎えた。
（もしや、あそこにいるのは日本人ではないか？）
随員の一人で外国奉行支配組頭、田辺太一の従者三宅復一《みやけまたいち》は仲間に尋ねた。
（うーん、たしかに日本人に見えるな。だが、なぜここにいるのだろう）

不思議そうな表情を浮かべている三宅たちの方へ、男は歩み寄って来て、声を掛けた。

「いきなり驚かれたと思いますが、わたしも日本人です。武州熊谷（現埼玉県熊谷市）の出身で、サイトウ・ケンジロウと申します。文久二（一八六二）年からこちらに住んでいます」

「なにっ？　おとどしからここに住んでいるって？」

三宅らは改めて男の顔をまじまじと見つめた。すると若者はよどみない日本語で自己紹介した。

「はい。ある時漂流していたところ、フランス船に救助され、そのままパリへやって来ました。当地でモンブランという貴族と知り合い、家僕として仕えています。このほど日本から幕府の使節団がおみえになると聞き、主人から皆さまのお世話をするよう命じられました。滞在中は遠慮なく何なりとお申し付けください。あっ、そうそう、わたしのことを『ケン』と気軽にお呼びください」

こんなふうに三宅らはケンという若者から名前や出身地などを聞いたものの、それだけでは納得できず、次々と質問を浴びせた。

尺振八《せきしんぱち》は「貴公は何の目的があってこの地に暮らしているのか？」と尋ねた。すると、彼は「外国の事情を勉強して、いずれお国のために役に立ちたいと思っています」と、きっぱり答えた。

また別の者はケンに、「二年前の幕府初の遣欧使節団が当地に来た時は、どこで何をしていたのか？」との質問に対しては次のように答えた。

「日本を発って間もない頃で、使節団が香港でイギリス船（注・オーディン号）に乗っていたのを見ています。自分はフランス軍艦に乗っていたので、声をかけることもできませんでした」

同時にケンは、自分はヨーロッパ各地を経てパリに来たが、イタリアではガリバルディと面談したとも語った。ガリバルディとはイタリアを統一に導いた英雄である。

ケンとはいったいどんな人物だったのか、もう少し詳しく見てみよう。『明治事物起原』を著した石井研堂《いしいけんどう》は昭和五(一九三〇)年、当時医学博士になっていた三宅復一改め、秀《ひいず》から話を聞いている。その時三宅はケンなる日本人についてこう述べたという。

「私どもが、仏国巴里に往(行)ったのは、文久四年(この年改元して元治元年)の三、四月ごろ二ケ月間で、春さめの降る頃であったと記憶している。この時、武州川越(ママ)の人なそうで、斎藤健、洋名を、ジラールド・ケンと呼ぶ日本人が居った。ジラールドは宗教上の名前で、健を其ままあちらの名前にしたのだ。時の伯爵コント・モンブランのお抱えであった」

この中で三宅がケンの生まれを武州川越(現埼玉県)と話したとしているが、これは勘違いで、別の講演会では熊谷と語っている。また他の使節団員たちも皆、熊谷と記しており、『熊谷人物事典』(日下部朝一郎編)にも、ケンは斎藤健二郎という名前で、次のように紹介されている。

「外人秘書。江戸末期文久元年頃の人。熊谷宿の医家斎藤某の二男に生まれ、フランス人モンブラン伯爵の秘書をつとめたが、のち鹿児島にて殺害された」

使節団の副使、河津伊豆守《かわづいずのかみ》の二人の従者がそれぞれケンのことを日記に書いているので現代語訳する。まずは岩松太郎《いわまつたろう》の『航海日記』。

「日本人が一人、フランス人になっていた。彼は三日ほど前に、使節団がこのホテルにやって来るのを耳にして訪ねて来た。彼とはいろいろな話をした。江戸の深川箱崎あたりに住んでいたらしい。彼の生家は中山道熊谷宿で、兄は医者で斎藤隆貞と言い、自分は健二郎と名乗った。自分も医術の心得があると言っている。今から四年前（ママ）にフランスの高官と一緒に当地へ来たとのことで、今もその人物の所へいるという。使節団の滞在しているホテルへは毎日のように顔を出す。現在住んでいるのは、ここから七、八町ほどの所にあり、主《あるじ》から小遣銭程度を貰いながら働いている」

次は金上佐輔《かながみさすけ》の『航海日録』。

「二、三日前から武州熊谷の医者斎藤竜貞の弟で謙治という者がホテルへ顔を出している。四年前にフランスの軍艦に乗って海を渡り、ヨーロッパ各地を回ったあと、フランスに来た。当地では身分の高い家に居住しながら働いており、衣服、言葉などは西洋人と変わらない」

ケンの名前は聞き手によって、「健」、「健二郎」、「謙治」などとさまざまで、そのほかにも「健次郎」、「謙次郎」、「健二」などと記す書もある。ここでは『熊谷人物事典』に記載されている健二郎を用いることにする。また彼の日本を出た時期や、フランスへ入った経路などもまちまちで、はっきりしない。

渡航経緯

ここで明確にしておきたいのは、健二郎が何のために、どのような手段によって脱国したのかということであるが、それには主人のモンブランなるフランス人貴族の存在抜きに考えられない。そもそもモンブランとはいかなる人物だったのだろうか。

綱淵謙錠《つなぶちけんじよう》の作品に「仏人白山伯」と題するエッセイがある。モンブランはフランス語で「白い山」を意味するから、文字通り白山伯となる。健二郎もこれを真似て「白川健二郎」と名乗ったこともあるらしい。

綱淵によると、モンブランはもともとベルギーがフランス領であった頃の領主の一人だったが、しばらくして彼はパリの社交界に顔を出すようになり、そこで日本が開国したことを耳にし、「おそらくひと儲けを夢みたのであろう」としている。幕末維新史の研究者である石井孝《いしいたかし》も同様に、モンブランのことを「国際的山師」と呼んでいる。

モンブランが最初に来日したのは安政五（一八五八）年の夏、長崎で日本語を学び、鹿児島へも足を延ばしている。その後文久元（一八六一）年にも再来日し、横浜や箱館で商売をしていたともいわれ、健二郎と出会ったのもこの頃とみられる。綱淵は二人の出会いについて次のように説明している。

「滞日中、横浜で一人の日本青年を拾って通訳がわりにし、これを従僕としてフランスへ帰った。この日本人青年がジェラルド・ケンである」

また旧薩摩藩士の松村淳蔵は明治になってから、旧幕臣の田辺太一から次のような話を聞いたという。

「田辺太一君曰く、白川は当時、斎藤と称えしが、前年モンブランが日本へ来り、横浜に滞在せし際に、従僕に雇い、（フランスへ）連れ行きし者にて、別に志望ありし人物にあらず」

（『海軍中将松村淳蔵洋行談』）

この説によれば、モンブランの求めに応じて渡欧したことになり、健二郎が三宅らに「漂流しているところをフランス船に助けられた」と語ったのは、幕府の公式使節団に対し、国禁を破って渡欧したとは口が裂けても言えなかったからであろう。

これに対し、前出の石井研堂の見方は綱淵とは微妙に異なる。

「文久元年頃に脱国し、仏国軍艦に乗り、仏国巴里在住モンブラン邸に寄寓せる……」

こちらは健二郎が自分の意思により、密航を図ったというようにも解釈できるが、脱国の目的やどのようにしてフランスの軍艦に乗り得たのかは定かでない。

やがて健二郎を伴い、フランスに戻ったモンブランは日本から訪れる幕府の使節団に猛接近する。頼まれもしないのにあの手この手を用いてご機嫌を伺い、利権獲得に向けて狂《きょう》奔《ほん》する。上層部への工作は自らが行ない、三宅ら従者たちのフォローは健二郎に任せ、恩を売ろうとした。

池田使節団が帰国した翌年の夏、今度は柴田剛中をトップとする少人数の幕臣たちがフランスを訪れる。使節団というよりは事務方の業務出張とでも言うべきものである。この時もモンブランは健二郎をわざわざマルセイユとパリの中間にあるリヨンまで派遣し、出迎えをさせている。柴田に随行した岡田摂蔵の日記。


「朝十一字（午前十一時）、蒸汽車に（マルセイユから）乗し、午後第八字（時）、リヨン府に到着。此處の蒸気車会所（駅）迄、斎藤健二（ママ）出迎へり」

（『航西小記』）


岡田は斎藤について「武州熊谷産の諸生（ママ・書生）、五年前脱国して今、巴里府の食客たる者」と注釈を付けている。

しかし柴田は前使節団からモンブランの魂胆《こんたん》を聞いていたし、またパリでのモンブラン評が頗《すこぶ》る芳《かんば》しくないこともあって、相手にしようとしなかった。

二つの幕府訪問団に接近すれど相手にされぬモンブランは次第に焦りと苛立ちを募らせ、ついに幕府に対し、意趣返しの行動に出る。

彼は一八六七年にパリで開催される万国博覧会に出展を決めていた薩摩藩に急接近し、同藩の利益代表となって大々的に薩摩藩のPRと幕府中傷のキャンペーンを展開するのである。徳川幕府は日本国を代表する政府ではなく、薩摩藩と同じ一大名に過ぎないという主張を現地の新聞に発表したり、薩摩琉球国太守の名入りの勲章を制作し、フランスの各方面にバラ撒《ま》くなどした。

こうした中で健二郎はひたすら主人の命じるままに行動するほかなかった。おそらく健二郎の頭には親幕も反幕もなく、むしろ同じ国の中で対立している姿を諸外国に見せつけるのは、不要な干渉の口実を与えかねないと危惧していたのかも知れない。

だが健二郎が真面目にそんなことを考える青年であれば、周囲の評価はもう少し芳しいものであったはずだが、彼について好意的に記されたものは少ない。

幕府側の人間が彼をモンブランの手先だとして警戒の目を向けたのは当然だとしても、薩摩藩の中にさえ、悪し様《あざま》に言う者が少なくなかった。とりわけ当時イギリスにいた留学生たちの間で、健二郎評はそれこそボロクソで、「流暢《りゅうちょう》と言われていたフランス語も、ちょっと複雑な話になると、理解できず、たいしたことはない」「フランスで政治学を学んだとか、陸軍学校で修業中などと平気で嘘をつき、信用ならない」「主人（モンブラン）の威を借りて薩摩藩への仕官を求めるとはけしからん」などと、こきおろしている。

万博が開幕すると、健二郎は薩摩藩の通訳として働き、終了後は薩摩藩士に伴われ、モンブランとともに帰国する。文久元（一八六二）年、横浜を出国した時は非合法の出国だったが、五年後、長崎へ帰った時、海外渡航は解禁となっていた。おそらく健二郎は薩摩藩の万博出張要員であるなどと称して入国したのであろう。

薩摩藩にとってモンブランは万博で薩摩の名を諸外国に広めてくれた大恩人であるから、鹿児島入りした彼を藩挙げて大歓迎したのは言うまでもない。これに対し健二郎の最期はあまりにも哀れだった。彼はヨーロッパに来た幕府の役人に薩摩藩の機密を漏らしていたのではという嫌疑を掛けられ、日本へ戻ったあとも薩摩藩から要注意人物としてマークされた末、殺害されたという。旧薩摩藩士二人の証言を紹介する。

「聞く處（ところ）にては白川（ママ）の嫌疑深くなりて、大島（奄美大島）辺金鉱探索の為と称して連出し、海没せしと云ふ、一説には機密を漏せしとの嫌疑にて海中に投込まれたりとも云へり」

（『海軍中将松村淳蔵洋行談』）

「此の白川と云ふ人は千八百六十六年頃、何かの動機で薩摩藩のかかへとなり、日本へ帰ることになりました。後明治元年頃白川が長崎表に於て何か藩命に抗したとかで、長崎より鹿児島までの海中で殺されました」

（『財部実行回顧談』）

健二郎がいつ、どこで、どのようにして殺害されたかは定かでないが、死に臨んで彼の脳裏《のうり》をかすめたのはいったいどんなことだったろうか。モンブランという外国人と知り合うことさえなければ、幕府と薩摩藩が対立さえしていなければ、あるいは……。

同志社創立の原点は箱館からの密航・新島七五三太《にいじましめた》（襄《じょう》）（アメリカ）

広い世界への憧れ

平成二十七（二〇一五）年春、皇居に近い東京・千代田区のビル街の一角に「錦三《きんさん》・七五三太公園《しめたこうえん》」という奇妙な名称の緑地空間が誕生した。「錦三」とは、この界隈《かいわい》の町名である錦町《にしきちょう》三丁目の略で、「七五三太」とは、人の名前である。

その人物とは同志社大学の創立者新島襄で、彼の幼名が七五三太である。江戸末期、この地には上州安中藩《あんなかはん》（現群馬県）の上屋敷が置かれ、天保十四（一八四三）年一月、七五三太はここで下級藩士の父新島民治《たみじ》と母とみの長男として産声をあげた。つまり公園の名は、新島襄の生誕の地にちなんで付けられたものである。

この七五三太という名には新島家の悲願が込められていた。当時新島家には四人の女子がおり、七五三太は待望久しい男児の誕生であった。お世継ぎ誕生に祖父の新島弁治は思わず膝を打って「しめた！」と叫んだ。これが七五三太と命名された理由とされているが、生まれたのが正月松の内だったため、縁起物のしめ飾りの「しめ」にちなんだともいわれている。ちなみに四年後に生まれた弟の名は「双六」、(すごろく)ではなく、(そうろく)と読む。

新島家は七五三太の教育に力を入れ、本人も周囲の期待に応えて学問に励んだ。幼くして蘭学を学び、一六歳の時には幕府の軍艦操練所に入り、航海術や数学を修める。

文久二(一八六二)年、七五三太が一九歳の時、安中藩の宗家にあたる備中松山藩(現岡山県)が買い入れたアメリカ製の帆船「快風丸」(一二〇トン)に乗船する機会が与えられる。同船初の訓練航海にあたり、当時航海術を学んでいた七五三太にも声が掛かったのである。江戸から備中松山藩の飛び地領がある瀬戸内海の玉島(現倉敷《くらしき》市)までの航海は七五三太にとって生まれて初めての遠出で、狭い江戸藩邸暮らしから解放され、外界に目を向ける契機となった。

なお備中松山藩は伊予松山藩と混同されやすいため、明治維新後に備中高梁藩と改称される。同藩と安中藩は藩主板倉《いたくら》家同士が姻戚関係にあり、双方の家臣たちも日頃から親しく交流していた。

元治元（一八六四）年三月、二二歳の七五三太はその頃、神田駿河台（現東京都千代田区）にある川勝広道《かわかつひろみち》という幕臣の主宰する洋学塾に寄宿しながら学んでいた。ある日のこと、塾で航海書を読んでいたところ、いくつか理解できない箇所があるので、芝新銭座《しばしんせんざ》に住む中浜万次郎（ジョン万次郎）に解説してもらおうと思い、駿河台の坂道を下っていると、旧知の備中松山藩士ら三人とばったり出会う。その中に二年前、快風丸に乗船した際の仲間がおり、七五三太に会うなり、耳寄りな情報を伝えた。

それは快風丸が四、五日のうち箱館へ向かって出帆することになっており、もし七五三太にその気があるのなら、乗船を頼んでみてはどうかというのであった。願ってもない話だった。玉島への航海以来、七五三太の目は広い世界に向けられ、機会があれば、再び遠くの地へ行ってみたいと思っていたからである。

七五三太は蘭学を通して西洋の進んだ文明を知り、また江戸湾に入って来た巨大なオランダ軍艦を目にして、日本との埋めがたい国力の差を痛感していた。さらに友人から借りた書の中に漢訳の『聖書』があり、これまで自分を縛ってきた藩や家というものとはまったく異なる価値観がこの世に存在することを知り、大いなる衝撃を受けた。是非とも外国へ渡って先進的な知識を身に付けたい、「天の父」なるキリストの教えをより深く知りたいとの思いを募らせていった。

だが幕府は日本人の海外渡航を認めておらず、外国へ行くには国禁を冒すしかない。その意味で外国船の出入りする箱館行きは、絶好のチャンス到来である。蝦夷地の箱館なら、長崎や横浜と比べて幕吏の監視も厳しくなく、密航の成功する確率も高いのではと考えたのである。後年、新島襄はこう述べている。

「ここ（函館）で私は幾人かの外国人に接近することをもくろんでいた。それは彼らの特別の好意によって逃亡を企てんがためであった」

（『私の若き日々』）

箱館へ

七五三太も吉田松陰の密航失敗のことは知っていたから、周到に準備を進めた。とりあえず四、五日後に出帆するという快風丸に乗り込むための許しを備中松山および安中の両藩から大急ぎで得なければならない。

七五三太は相次いで両藩邸を訪ね、しかるべき立場の人物に乗船許可が得られるよう懇請した。すると日頃から熱心に学問に打ち込んでいることが評価され、異例の早さで両藩主から快風丸への乗船と箱館到着後、現地在住の洋学者武田斐三郎のもとで航海兵学を学ぶことについての許しがおりた。箱館遊学はあくまで口実に過ぎない。

これで手続きはすべて完了し、七五三太も晴れて藩公認で江戸を離れることができると、胸をなで下ろした。出発当日、自宅では親族一同が集まって別れの宴が催されたが、七五三太を溺愛していた祖父は喜びと悲しみが入り交った表情で、孫息子と水盃を交わした。一方父親の民治はこの時、息子が箱館からさらに遠い地へ行ってしまうような予感がしてならなかった。

その夜のうちに木挽町（現東京都中央区）にある備中松山藩の江戸中屋敷を出て、品川沖に停泊中の快風丸に乗り込む予定であったが、干潮時で海へ通じる川の水が少なく、小舟を動かせぬため、出帆は翌日に延びた。

三月十二日、快風丸は品川沖を開帆した。以後、風頼みの帆船は太平洋岸の各地の港に立ち寄りながら北上したため、江戸から四〇日を費やし、四月二十一日、箱館に到着した。

この時、港内にはイギリス、アメリカ、プロシアの蒸気船や帆船が七隻停泊していた。

波止場近くの讃岐屋という船宿に旅装を解いたあと、町の中を歩いてみた。当時の箱館は戸数約三〇〇〇、奥州あたりから渡って来る者が引きも切らず、人口が急増中であった。薬師山の麓《ふもと》にはロシア、イギリス、アメリカ、それにフランスの各領事館が建ち並び、異国情緒を漂わせていた。また仙台、南部、秋田、会津など奥州各藩も当地に屋敷を置いていたが、駐在する藩士は多くなかった。

密航まで

箱館に来て五日目、武田斐三郎の塾を訪ねると、塾生の一人である越後長岡藩出身の菅《すが》沼精一郎《ぬませいいちろう》なる者が応対に出て、塾頭の武田は江戸の開成所の教授となってこの地を離れたため、塾の活動は休止状態にあると説明した。

武田の教えを受けられないのなら、別の方策を考えねばと思っていたところ、菅沼がロシア領事館付きの司祭ニコライという男が日本語教師を探しており、もし七五三太が希望するなら、ニコライの館に寄宿して日本語を教えれば、生活費の節約にもなると、耳寄りな話をしてくれた。

そこで七五三太は所持金も乏しいことゆえ、菅沼の助言を受け入れ、ニコライ宅に寄宿しながら日本語を教え、ニコライの知人で英語を理解するロシア人士官ピレルーヒンについて英語を学ぶことにした。

五月五日、箱館に来てから一三日目、七五三太はニコライの館に移った。ニコライは彼のために一〇畳ほどの部屋を提供し、そこには大きな読書机も用意されていた。食事はニコライと同じロシア風のものを食べた。さらにニコライは眼病を患っていた七五三太を当地のロシア病院に連れて行き、治療を受けさせるなど親切に面倒をみてくれた。

七五三太は恵まれた環境の中で英語を学びながら、密航の機会を探ることにした。この間、菅沼の紹介で当地に暮らすさまざまな人たちの知遇を得るが、その一人に沢辺《さわべ》数馬《かずま》という土佐出身の男がいた。沢辺は神官でありながら、ニコライからロシア正教の洗礼を受けるなど風変わりな人物であったが、七五三太の密航計画には理解を示し、何とか力になろうと言ってくれた。

司祭の館に起居するようになってから二〇日ほど経った同月二十四日、七五三太は思い切ってニコライに海外へ渡航したいとの希望を打ち明ける。するとニコライは首を横に振り、もうしばらくこの館に留まって英語と聖書の勉強を続けるよう勧めた。ニコライは司祭とは言え、ロシア領事館付きという、いわば準「外交官」の立場にあり、幕府が国禁としている海外渡航に手を貸すわけにはいかなかったのである。

だがそれで諦める七五三太ではなかった。覚悟して江戸を出奔して来たからには初志を曲げておめおめと帰るわけにはいかない。次の展開を模索していた七五三太に、沢辺数馬が有力な協力者を紹介してくれた。その人物とは当地のイギリス商社アレクサンダー・ポーター商会で支配人をしている福士宇之吉《ふくしうのきち》という英語の達者な二七歳の青年である。七五三太は聡明で誠実そうな宇之吉にたちまち好感を抱き、脱国して海外へ渡航したいとの希望を率直に打ち明け、何とか力になってくれるよう懇願した。宇之吉は海外へ行き、学びたいと熱っぽく語る七五三太の姿勢に心を打たれ、協力を約束するが、しばらく時間がほしいと答えた。

その時宇之吉は口にこそ出さなかったが、協力してもらえそうな人物の顔が頭に浮かんでいた。その人物とは近々入港予定のアメリカ商船の船長で、宇之吉も日頃から商売を通して、彼の誠実な人柄を好ましく思っていた。あの船長ならきっと七五三太の希望を受け入れてくれるはずと確信した。

七五三太は宇之吉の言葉を信じ、日本脱出の準備を進めながら、連絡を待っていると、朗報は意外と早くもたらされた。六月十二日、宇之吉から、脱国の協力をしてくれるアメリカ船の船長を紹介するので事務所まで来るようにと連絡があった。

「箱楯（館）の築島に於ける米利堅人の船頭ウィルレム・セーウォルなる者に逢い、彼の国之学問修行いたしたく、且つ地球を一周せんとの志願を談ぜしかば、彼深く我の志に感心し、遂に小子の志願を遂げしめん事を答へ……」（『函館紀行』）

船長の名はウィリアム・セイボリー、長崎に本拠を置くアメリカ系商社ウォルシュ商会に所属し、ベルリン号という貨物船で、主に箱館と上海との間を往復していた。

セイボリーは宇之吉の事務所で七五三太と会い、本人の熱意のほどを十分に見定めたうえで乗船を許可した。その席でセイボリーは三日後の十五日未明にこの地を出帆するので、前の晩の九時までに必ず船へ乗り込むよう念を押した。

いざ脱国

七五三太はニコライの館に戻ると、持参する荷物をまとめたり、ロシア人の写真師に写真を撮ってもらい、それを手紙に添えて江戸の家族へ送るなどして時を過ごした。

六月十四日、いよいよ脱国当日を迎えた。この日、箱館の町は夏祭りで賑わっており、祭囃子《まつりばやし》が風に乗って聞こえてきた。夕方から町内の料理屋で菅沼精一郎、沢辺数馬、福士宇之吉が七五三太を囲んで別れの宴を催してくれた。席上、宇之吉は七五三太が江戸の川勝塾時代に作った詩を朗々と吟じた。

一襲の弊衣三尺の剣
頭を回（めぐ）らして悠々世事を思う
男児みづから蓬桑《ほうそう》の志在り
五州を渉（わた）らずんばすべて休（やま）ず

＊一襲の弊衣（一揃いのボロボロの衣服）　＊蓬桑の志（天下に雄飛しようとする心）

「五州渉らずんば」という表現からも、江戸にいた時から七五三太には海外雄飛の意思があったことがうかがえる。

宇之吉は七五三太の手を強く握りながら、「万一、君の計画が失敗したら、自分も死ぬ覚悟だ」と、真顔で語った。

沢辺もまた、七三五太が江戸を発つ時に詠んだ、

武士（もののふ）の　思い立つ田の　山紅葉
　　錦着ずして　など帰るべき

に対する返歌として次の一首を与えた。

忘るなよ　ゆめ忘るなよ　忘るなよ
　　此の言の葉の　錦なりしを

七五三太も彼ら三人の協力なくして、到底この日を迎えることはなかったと、後年述べている。

送別宴のあと、一旦ニコライの館に戻った。この時、ニコライは避暑へ行き、不在だった。七五三太は江戸の両親から至急戻って来るようにとの連絡があったため、この地を去ることになったとし、これまで世話になったことに対する深い謝意を記し、置き手紙にした。

夏の長い一日も暮れ、夜の帳が落ちた。
七五三太は尻をはしょり、股引をはき、肩に二つの風呂敷包みを担ぎ、大小二本の刀を風呂敷に包み、小脇にはさんで外に出た。どうみても町人の姿であった。
宇之吉が待つ外国人居留地のポーター商会の近くまで行くと、突然犬が激しく吠え立てるので、近所の人に「何事か」と思われてはまずいと思い、音を立てぬよう履いていた雪駄を脱ぎ捨て、同商会の建物に駆け込んだ。中で待機していた宇之吉が慌てふためく七五三太に向かって「大事決行には大胆不敵でなければならないよ」と、助言した。

これからの段取りについて打合せをしたあと、宇之吉は武士に、七五三太はその従者に変装し、同商会の裏口から近くの埠頭（現函館市大町）へ向かう。

埠頭には宇之吉が予め用意しておいた小舟が係留されており、二人はそれに乗り移った。その時である。暗闇の中から人影が現われ、「そこにいるのは誰だ！」と、強い調子で詰問した。港の番人だった。

七五三太は咄嗟《とっさ》に船底に身を伏せ、荷物のように見せかけた。宇之吉は近づいて来た役人に向かって、ポーター商会の福士宇之吉であると名乗り、急用ができたので沖の船まで行くところだと答えた。すると、それ以上の詮索はせず、立ち去った。宇之吉は商売柄、その役人としばしば港で顔を合わせる間柄だったから、相手も信用したのだろうが、それにしても役人は普段と異なる武士の姿をしている宇之吉を見て、何の疑念も抱かなかったのだろうか。いや夜の闇が姿を隠してくれたのかも知れない。

何とか最初の危機を脱し、二人はほっと胸を撫《な》で下ろした。小舟の櫓《ろ》を握った宇之吉がゆっくりと漕ぎ始めた。暗い海面にギー、ギーという櫓の音だけが響く。七五三太は半身を起こし、離れて行く箱館の町を眺めた。祭りの提灯で空は明るく染まり、短い北国の夏の夜を楽しむ人々のざわめきが途切れ、途切れに聞こえてくる。この町で暮らしたふた月の間の出来事が走馬灯のように頭をよぎった。

(いよいよ今から日本を脱して外国へ向かうのだ｜)

そう思うと七五三太の身体に力が漲《みなぎ》ってきた。自分のために尽力してくれた人たちの恩義に報いるためにも、アメリカへ渡り、しっかり勉強して帰らねばと、改めて心に誓うのであった。

ベルリン号

めざすベルリン号は埠頭から遠く、港の入口に停泊していた。幸いこの夜、港内は波もなく穏やかだった。宇之吉は昼のうち小舟に乗り、櫓さばきの練習をしていたが、それでも手つきは頼りなげだった。汗だくで懸命に櫓を漕ぎ続け、やっとベルリン号に接舷《せつげん》することができた。

宇之吉が甲板に向かって英語で声を掛けると、スルスルと縄梯子が下ろされた。二人は固く握手をして別れ、荷物を背負った七五三太はベルリン号に乗り移った。甲板で出迎えたセイボリー船長はよく来たなと、笑顔で七五三太の肩を叩き、船底の貨物室に入っているよう命じた。

貨物室には蝦夷地で獲れた鮭と昆布が大量に積み込まれ、生臭い空気が充満していた。わずかなスペースを見つけ、横になると、七五三太はたちまち睡魔に襲われた。しばらくウトウトしていると、部屋の外で日本人の声がして我に返った。出航前の最終点検のため、港の役人が現われたのである。胸の鼓動が速くなり、どうかこの部屋に入って来ないように祈った。幸い役人は積荷まで点検することなく下船して行き、ようやく出航の刻を迎えた。

いつの間にか眠り込んでしまい、貨物室に陽の光が差し込んでいるのに気付いて、七五三太は目を覚ました。セイボリー船長が入って来て、もう心配は要らないからと、彼を甲板に連れ出した。船は津軽《つがる》海峡から太平洋に出て快走していた。セイボリーは遠ざかっていく故国の陸影をしっかり目に焼き付けておくようにと言った。

一息つくと、七五三太は自分がこの船に運賃も払わず乗り込んでいることに気付いた。気付いても、この時、七五三太の懐中にはわずか四両の金しかなかったので、どうしようもない。

「我、不要の品物を売払いて取得し金子（きんす）二両二分、且つ我が持ちし金一両二分なる故、総計嚢中《のうちゅう》の金子四両なり。扨（さて）予家を出る時は二十五両の金子を持ちしが、海路に長く日を費やし、時に港の怪物に奪取られ、今は如此困窮し、物件等売りようやく四両の金子にあり付けり。嗚呼我なんぞ金に縁なきや」（『函館脱出之記』）

ここで七五三太が「港の怪物に金を奪取られ……」と、書いたのはどういう意味だろう。快風丸が箱館へ向かう途中に立ち寄った港町で、七五三太は誘惑に駆られ、よからぬ場所、例えば賭場や遊女屋に足を踏み入れたとか、酒場でぼったくられたとかして、思わぬ散財をしてしまったということだろうか。

ともあれ所持金四両とは、あの長州ファイブが日本からイギリスまでの船賃として支払った一人四〇〇両の実に百分の一の額である。そこで七五三太はセイボリー船長に対して旅費を持ち合わせていないことを正直に告げ、その分、船内の雑用を何でも手伝うから許してほしいと、頭を下げた。

箱館を出て四日目の十九日の日記。

「伊豆の諸島を過ぎ、遠州灘に来れり。船頭（船長）より言付けられし我の役目は、船頭部屋の掃除、彼の給仕及び茶碗を洗い、彼の犬をやしなう等なり」（『函館脱出之記』）

これに加え、自分の下着の洗濯もしなければならない。武家の長男として育った七五三太にしてはどれも初めての経験で、（これが武士のすることか！）と自問し、何度も唇を噛みしめた。

辛かったのはそれだけでない。言葉の壁である。英語が喋れず、船員たちの話す内容が理解できなかったことである。船長は品物を一つ一つ指さしては、英語でどのように発音するのか、親切に教えてくれたが、忙しい船員たちは、自分の指示通り七五三太が従わないと、苛立ち、時に彼を殴りつけた。

殴られた七五三太は怒りに燃え、自室に戻って刀を持ち出し、相手を叩き斬ろうと思ったが、その時ふと冷静さを取り戻し、自身の忍耐力不足を悟る。これ以後、彼は二度と、刀に手を掛けることはなかった。

七五三太の頭には傷があったという。それはもしかしたら、船員に殴られた時に生じたものかと思ったが、そうでもないらしい。

「彼が頭上に於ける長大な創痕は船中に潜伏し、発見されたる際に蒙れるものと伝へられる。彼が写真に接したるものは必ず此の密航記念たる創痕を見るべし」

（『日系移民人名辞典』）

しかし乗船後に身を隠した貨物室から、翌朝七五三太に出て来るようにと最初に声を掛けたのは船長である。もし七五三太の頭に大きな生傷があれば、船長も気付くはずであるが、特に大騒ぎした様子もないし、本人も傷について何も書き残していない。

上海到着を前に七五三太は髪を切り、長江に投げ入れた。ベルリン号は蒸気船に引かれて茶褐色に濁った川を遡上し、箱館を出てから一七日目、上海に到着した。港には各国の商船数百隻が停泊しており、その賑わいは箱館の比ではなかった。中でもイギリス船の多さが目に付いた。

ワイルド・ローバー号

ベルリン号は再び日本へ引き返すため、七五三太はここで下船し、別のアメリカ商船ワイルド・ローバー号に乗り移った。同船は三本マストで、長さ五〇メートル、幅一一メートルの帆船である。セイボリー船長は上海に停泊している多数の商船の中から、自分と同じマサチューセッツ州出身のホレース・テイラーという船長を見つけ出し、七五三太を無事にアメリカまで送り届けるよう頼んでくれたのである。

七五三太はテイラーに日本から持参した長刀を贈り、アメリカへ連れて行ってほしいと懇請すると、同船長は快諾し、ここでも船長付き給仕として働くことになった。セイボリーと言い、テイラーと言い、人間的に立派な船長に出会えたことは、七五三太にとって幸運以外の何物でもない。

ワイルド・ローバー号はただちに母港のボストンへは向かうことはなく、木材取引のため上海と福州《ふくしゅう》とを往復したかと思えば、サイゴン（現ホーチミン）へ行き、米を積んで香港で下ろした。さらに香港とマニラを往復するなどしたのち、再びマニラで大量の麻を積み込み、ようやくアメリカへ向けて出発した。一八六五（慶応元）年四月十日（以後陽暦表記）のことである。

この間、七五三太は船員たちから航海術や測量術を学び、テイラーも時間に余裕がある時は英語やキリスト教について教えてくれた。テイラーは敬虔《けいけん》なクリスチャンで、七五三太も彼の影響を受け、香港で購入した漢訳の新約聖書を読むのが習慣になった。またアメリカ人船員たちから呼びにくいと言われていた七五三太という名前を、この際、テイラー船長の助言でアメリカ流に「ジョーゼフ」（愛称ジョー）と変えた。ただしジョーに「襄」という漢字を当てるのは、後年帰国してからのことである。

ジョーは香港から江戸で暮らす弟の双六に手紙を出している。その中で禁令に背き、身勝手な行動に及んだことについて、両親に迷惑をかけたと詫びている。

「我不肖といえども、切に国家の不振を憂え、万一の力を竭（つ）くさんとの志願と申しながら、犯し難き国禁を犯し、別れ難き君父に別し、断然この非常の挙をなし、長く父母をして悲哀に居らしむる事、法外至極、その罪許し難し。しかりといえども我窃（ひそか）に思う、他年成業の後、厚く君父に奉侍せば、少しくその罪を償うに足らん」

（『新島襄の手紙』同志社編）

マニラを出た船はマラッカ海峡からインド洋に入り、斜めに横断、アフリカ大陸最南端の喜望峰を回って大西洋に出た。

「五月三十一日、喜望峰を遥かに見たり、長の海路に退屈せしが、藍色の山層々としたるを見、思わず大声を発し、ケープ・グード・ホープかと呼べり」

（『新島襄傳』湯浅与三著）

大西洋を北上すると、やがて緑に覆われた孤島が目に飛び込んできた。船長は島を指さし、ジョーにあれがナポレオンの幽閉されたセント・ヘレナという島だと告げた。ジョーはもし船が島に寄港するなら、稀代の英雄の墓をぜひとも詣でたいと思ったが、船には食糧や薪水が十分残っており、テイラーは立ち寄る必要性を認めなかった。

約一年におよぶ長い航海を終え、ワイルド・ローバー号がボストン港の埠頭に着岸したのは一八六五年七月二十一日、この時ジョーは地球を西回りでアメリカに到着した最初の日本人となった。

「回顧すれば既に二十余年前、幕政の末路、外交切迫して人心動揺するの時に際し、余不肖海外遊学の志を抱き、脱藩して函館に赴き、遂に元治元年六月十四日の夜、窃（ひそ）かに国禁を犯し、米国商船に搭し、水夫となりて労役に服する凡（およ）そ一年間、漸く米国ボストン府に達した……」

（『同志社大学設立の旨意』）

ジョーのアメリカ生活は善良な人々に支えられ、順調なスタートを切った。地元のフィリップス高校からアマフォース大学へ進み、さらにアンドヴァー神学校で、学問としてのキリスト教を本格的に研究する。この頃、ジョーは将来の進路をはっきりと定めていた。それは新しく生まれ変わった日本で、キリスト教に基づく教育機関を創立することであった。

滞米一〇年を機に帰国を決意し、明治七（一八七四）年十一月、三一歳の時、日本へ戻る。ただちに学校創立へ向けて奔走し、翌八年の十一月二十九日、ようやく同志社英学校は開校にこぎつける。教師は新島襄と外国人の二名、生徒はわずか八名でのスタートであった。「キリスト教主義を以て徳育の基本と為せり」、まさに新島襄が密航でアメリカへ渡らなければ、今日の同志社はなかったと言ってよい。

ビールの本場ドイツで醸造技術を習得・中川清兵衛《なかがわせいべえ》（ドイツ）

浦島太郎でもあるまいに、ある日忽然《こつぜん》と故郷から姿を消した男が、一族の前にひょっこり姿を現わしたのは実に一〇年後のことだった。本人が言うには、国禁を冒してイギリスへ渡り、さらにドイツに転じてビール醸造技術を習得してから帰国したというのだから、誰も開いた口が塞《ふさ》がらなかった。この人物こそ、日本初の国産ビール醸造技師、中川清兵衛である。

清兵衛は弘化五（一八四八）年、越後国三島郡与板《よいた》（現新潟県長岡市与板町）に生まれた。当時このあたりは彦根《ひこね》藩主の井伊《いい》家に繫がる与板井伊家が治める二万石の小城下町であった。ちなみに最後の与板藩主井伊直安《なおやす》は、桜田門外の変で斃《たお》れた幕府の大老井伊直弼《なおすけ》の四男である。

故郷を出奔

清兵衛は同藩御用商人、扇屋《おうぎや》中川津兵衛《つへえ》の分家に生まれたが、本家に子がいなかったため、早くからいずれ本家の商売を継ぐべき者として育てられた。ところが一七歳になったある日、清兵衛はいかなる動機からか、誰にも告げず与板を離れ、開港してまもない横浜へ向かい、ドイツ商館に勤務した。幕末の横浜にあったドイツ商館と言えば、開港後いち早く開業したクニフラー商会が有名だが、清兵衛はどこで働いたのだろうか。だがその商館にはいくらも勤務せず、慶応元（一八六五）年四月にイギリスへ密航を図ったとされる。

清兵衛はなぜイギリスへ密航しようとしたのか、密航を手助けしてくれたのは誰なのか、どこの国の船に乗ったのか、渡航費用の手当てはどうしたのか、現地での生活費の目《め》途《ど》はあったのかなど、一切不明である。それればかりか、イギリス到着後、六年に及んだ滞英生活の実態も分かっていない。『中川清兵衛伝』菊池武男・柳井佐喜著によると、わずかに分かっているのは、イギリスではシャメンポンなる地に滞在していたことだという。

次に清兵衛の足跡が明らかになるのは明治五（一八七二）年、イギリスからドイツに移った時である。なぜドイツへ移ろうと考えたのか、これまた定かでないが、あるいは横浜で短期間、ドイツ系商社に勤務していた間に、何かヒントでも得ていたのだろうか。

清兵衛の落ち着いた先は北ドイツの港町ブレーメルハーフェンである。ここは北海に注ぐヴェーザー川の河口に位置し、上流五〇キロにあるブレーメンの外港となっていた。

鷗外《おうがい》ファンなら、この港町の名前を聞いて、すぐにピンとくるものがあるかも知れない。明治二十一（一八八八）年七月、ドイツ留学を終えて帰国した鷗外を追って、一五歳の恋人エリーゼが遥か遠い日本へ向けて旅立ったのがこの港だったからである。

恩人青木周蔵

清兵衛はこの地で生涯の恩人となる日本人に出会う。のちに外交官、外務大臣として活躍する青木周蔵《あおきしゆうぞう》である。

明治元（一八六八）年、長州藩の留学生としてドイツに渡った青木は、同五（一八七二）年に北ドイツ留学生総代となり、新政府から在独日本人留学生たちを監督する役割を命じられる。青木はドイツに来る留学生たちの専攻科目があまりにも医学と軍事に偏重していることに気付き、日本の近代化のためには多様な分野を学んだ人材が必要であるとして、専攻科目の変更を彼らに説いた。

だが留学生たちの間からは、余計なお節介だとして強い反発を買い、青木も善意による「助言」を断念せざるを得なかった。留学生たちはそれぞれ、日本を出る時、将来の目標を定め、恩師や周囲の人たちと相談のうえで学ぶべき分野を決めていたから、独断で変更できるものではなかったらしい。しかし中には真摯《しんし》に青木の助言に耳を傾け、変更に応じる者もいたという。

そんな折、青木は留学生でもない一人の名もなき日本人青年がこの国に滞在していることを知る。それがブレーメルハーフェンにいた中川清兵衛だった。青木周蔵の自伝にはこう記されている。


「此の外（正規の留学生以外に）、尚ほ中川清兵衛なる者あり。独逸人（ドイツ人）某の家僕となりて独逸の某地にありしが、留学生の学資を預かりたる某銀行に於いて、此の預金に対し多少の利息を附与するを幸い、中川を伯林（ベルリン）に招致し、此の利息を拆（さ）きて其の学資となし、適当の技術を習得せしめんことを留学生中の年長者池田氏に計りたるに、諸氏之に同意したるを以て、直に中川を伯林に招き、麦酒醸造の事を学ばしめたり。蓋（けだ）し、麦酒醸造の事たる、学問の素養なき者と雖も、日々職工に伍して実際の業務に従事せば、自然会得する所あるを以て、学問なく学資なき中川には最も適当なりと、思惟したればなり」

（『青木周蔵自伝』）

青木はどのようにして清兵衛の存在を知ったのか、また当時彼が現地のドイツ人宅でどんな仕事をしていたのかについては、触れていない。ただ北ドイツの港町で暮らす日本人青年を、同胞として何とか手助けしてやりたいと考えたのである。

留学生仲間に相談したところ、日本からドイツへ送金されてくる留学生の学資が当地の銀行に預金されており、わずかながら利子を生んでいるため、それを原資にすれば、清兵衛一人ぐらいの生活支援はできるのではということになった。こうして日本人留学生たちの善意によって、清兵衛は首都ベルリンに呼び寄せられ、当地のビール工場で醸造技術を学ぶ機会を得たのである。なかなかの美談である。

青木が仲介したビール会社はティヴォリ・ベルリン醸造という当時ドイツにおける最大手メーカーで、清兵衛は明治六（一八七三）年春から働き始めた。同社での修業は厳格な徒弟制度のもとで行なわれ、異国から来た者にも容赦なかった。まる二年間、みっちり修業漬けの日々を送った清兵衛に対し、同社は醸造工程を一通りマスターしたとして「修業免状」を授与した。この時、二八歳の清兵衛は日本人初のビール醸造技術者になった。

これを機に青木は清兵衛に帰国するよう促し、当時北海道開拓使長官の黒田《くろだ》清隆《きよたか》宛てに紹介状を書いて与えた。この中で青木は、日本でもやがてビールが好んで飲まれる時代が到来するだろうから、北海道の地でビール醸造業に着手したらどうかと進言している。

黒田もビール醸造が盛んになれば、その原料となる大麦の栽培が必要となり、開拓のうえでも役立つとして青木の提言を受け入れ、札幌にビール醸造所を設立することにした。明治八（一八七五）年八月、「修業免状」を土産に一〇年ぶりに帰国した清兵衛は、このビール醸造所で働くことになった。日本初のビール醸造所はのちのサッポロビールである。

このほかにも単独密航した者は数多くいるが、いずれも具体的にどのように国を脱け出したのか、詳しい記録が残っていない。美濃高須藩《みのたかす》（現岐阜県）の典医の家に生まれた安《やす》田老山《だろうざん》もその一人で、元治元（一八六四）年、南画修業を志し、長崎から清国へ向かっている。また戦後の復興期に総理大臣を務めた吉田茂《よしだしげる》の養父健三《けんぞう》も慶応二（一八六六）年、長崎からイギリス軍艦に乗り込んで密航し、二年間イギリスに滞在し、帰国している。

さらに万延元（一八六〇）年、アメリカへ渡り、維新後に帰国してアイスクリームの製造技術を伝えたとされる出口松蔵や、文久元（一八六一）年、同じくアメリカへ渡って定住したとされるスズキ・キンゾウ（漢字不明）などの名前も各種の記録に散見される。

第四章　密航伝説を追って

タスマニア島の石碑・銭屋五兵衛《ぜにやごへえ》（オーストラリア）

人々に長く語り継がれている密航伝説が少なからずある。ここではその代表例として加賀の豪商と長崎の女傑商人を取り上げるが、二人の密航伝説は、そのドラマチックなストーリー性から、思わず実話ではないのかと錯覚してしまうほどである。

まず「海の百万石を実現した海商」などと呼ばれた加賀の豪商の話から始めよう。銭五《ぜにご》こと銭屋五兵衛は江戸時代後期、海運業で巨万の富を築きながらも、非業の最期を遂げた商人で、その波瀾万丈の人生は、人々の心を捉えてやまず、多くの作家が小説に書き、繰り返し芝居や映画にも取り上げられてきた。

数ある銭五伝説の中で、何といっても興味を惹《ひ》くのは、交易のため国禁を冒して海外各地へ密航したというものであろう。

江戸の学者の一言

巷間《こうかん》伝えられてきたところによると、銭五が海外密貿易に乗り出すきっかけとなったのは、文化《ぶんか》六（一八〇九）年、加賀藩から財政再建の助言役として招かれた経世家本多利明《ほんだとしあき》が口にした一言とされる。

「『海に国境はない』

ということばに魅せられていた。たまたま加賀藩の財政指導に招かれた本多は、関係者を集めた講義の席でこの言葉を強調した。そして、

『思い切って、藩が直接異国との交易に乗り出すべきです』

といった。

（中略）

五兵衛は、本多の話を座の末席で聞いた。からだの中を感動が地ひびきを立てて走った。

（このことばこそ、俺が長年探し求めてきたものだ！）

海に国境はない、何と素晴らしいことばだろう」


（『銭屋五兵衛と冒険者たち』童門冬二著）

陸上には関所があり、藩があり、幕府があり、そのうえ人々の行動を縛る士農工商という身分差もある。狭い国土の中に制約するものがあまりにも多過ぎる。その点、海には境界もなく、無限の可能性がある。日本で産出する物だけで賄《まかな》おうとしても限界があり、日本も藩や幕府の垣根を越え、積極的に海外との交易に乗り出さねばならない。銭五は本多の話からそういう示唆《しさ》を酌み取った。

銭五は早速、時の加賀藩家老奥村栄実《おくむらてるざね》に対し、稼いだ利益は藩に献上するから、国禁となっている密貿易を認めてほしいと申し出る。しかし奥村は容易に首を縦に振らない。外様とは言え、前田家と将軍家とは強固な縁戚関係を結んでおり、幕府の政策に公然と背くことを藩主が認めるはずもなかったからである。

それでも銭五はひるまず、儲けの半分は藩に献上する、自分が勝手にやったことにして目をつぶってほしい、藩には一切、迷惑を掛けぬようにするからと、繰り返し訴えた。奥村は藩としてはあくまで無関係で、銭五の個人的な商売という条件付きで、ようやく承諾する。それほど藩財政が逼迫《ひっぱく》していたのである。

藩の黙許を得た銭五は外国との交易も視野に入れながら、大車輪で動き出す。それは海商として、男としての夢の実現であった。

当時日本海の海運は北前船が主役で、金沢の外港である宮腰《みやのこし》（現金沢市金石町《かないわまち》）がその中継地となっていた。銭五は材木、海産物、米、塩、木綿などさまざまな物資を大消費地である江戸、大坂をはじめ各地に運んで大儲けした。

その一方で財政難に苦しむ加賀藩は、銭五からも多額の借金をしていた。そこで藩は儲けの出る海運業を藩営の事業として行なうことにし、銭五の船を四隻買い上げ、彼に経営を委託した。銭五なら大きな利益をもたらしてくれるだろうと信じ、その才覚に期待したのである。天保七（一八三六）年のことである。銭五の船は藩の御手船となり、全国の港を自由に出入りできる永代渡海免許状も与えられた。前田家の家紋である梅鉢を染め抜いた旗をなびかせた銭五船団が動き始めた。

銭五の船団が海外との密貿易に手を染めたという伝説が生まれたのはこの頃からで、その主な取引先は次の五カ所といわれている。

サンフランシスコの豪商との交易

これは天保三（一八三二）年、五兵衛を乗せた太平丸は択捉島《えとろふ》に向けて航海中、台風に遭遇し、一三〇日あまり漂流の末、アメリカ・サンフランシスコの西方のブレイタウンに漂着する。水夫六人とともに現地人に救助された銭五は、滞在中、アメリカの進んだ事業を視察したあと、伊豆の下田に送還された。翌年、銭五は三宅島へ向かうと称して、ふたたびブレイタウンに行き、サンフランシスコの豪商と交易したというものである。

この説について金沢の郷土史研究家木越隆三《きごしりゅうぞう》は、明治二十（一八八七）年に石川県士族の岩田以貞《いわたいてい》が『商人立志寒梅遺薫』の中で披露した話で、まったくのフィクションであるとしている。木越は岩田が当時流行した海外漂流記ものに着想を得たのではないかとしている。

竹島でアメリカ商人と交易

この竹島は、現在日韓両国が領有権をめぐって対立している島ではなく、近くの鬱陵島のことで、先に触れた石見浜田藩の密貿易事件、いわゆる「竹島事件」の舞台となった地である。銭五の乗った船が暴風雨により、この島に漂着した際、アメリカ船（商船とも捕鯨船とも）に救助され、それが縁で交易が始まったという話だが、これも「竹島事件」をヒントにした創作話であるといわれている。

口永良部島《くちのえらぶじま》でイギリス商人と交易

これは二〇一五年五月に噴火した鹿児島県の口永良部島を舞台に行なわれたとされる密貿易の話である。当時この島にイギリス人の密売所があり、銭五は薩摩藩を介してイギリス商人と交易したとされるものだが、実際に彼がどんな役割を果たしたのかは不明である。単に蝦夷《えぞ》地《ち》産の昆布や奄美産の砂糖の輸送を請け負っただけなのかも知れない。

択捉島でロシア人と交易

択捉島付近で銭五の乗った船がロシア船と出会い、物資の交換をしたとされるものだが、この話もいまひとつ信憑性に欠ける。また樺太《からふと》ではアイヌ人を介しての山丹人《さんたん》（ウィルタ族・ニブヒ族・オロチョン族など）と交易したという話もあるが、前出の木越はこれもまた疑問符がつくとしている。

オーストラリア・タスマニア島への渡航

銭五の密航、密貿易伝説の中で、何と言っても興味をそそられるのは、南半球のオーストラリア・タスマニア島へ渡ったとされる話である。きっかけは明治二十四（一八九一）

年五月二十四日付けの読売新聞の記事『銭屋五兵衛の碑を濠州に見る』である。少々長いが、記事の全文を紹介する。

「百年前、大胆敢為《かんい》密かに海外貿易を営み、事露（ことあらわ）れて刑せられた加賀の豪商銭屋五兵衛は唯ゞ（ただただ）日本近海にて貿易せしものを思ひしに何ぞ図らん、遠く濠州に領地を有せんとは。濠州の南部タスマニヤに数個の石碑あり、蒼苔深く鎖して文字さへ読難かりしが、今を距ル（さかのぼる）こと、五、六年前、吾が軽業師、彼の地に至り、ふと此石碑を認め、手もて其苔を剝ぎ去れば、下より『かしうぜにやごへいりょうち』の一三文字露はれたり。さては加州銭屋五兵衛の領地にありしやと、熟（いずれ）も一驚を喫しぬ。然るに此事英人の耳に入りしに、英人は直ちに悉く其石碑を撤去せしめたりと云う。今其石碑を以て、境界となす時は、其領地殆どタスマニヤ三分の一に亘れりとを想うに、香港等にありし五兵衛の一族が刑せられざると聞き、本国に帰らずして直に此地に赴きしならん」

記事の末尾に「香港等にありし五兵衛の一族が刑せられざると聞き……」とあるのは、

あとで触れるが、銭五が冤罪事件に巻き込まれ、その一族までもが投獄された際、刑を免れた一部の者が香港などにいたらしいという意味で、これら海外に暮らしていた銭五一族の者がタスマニアへ渡ったのだろうという推測である。

いったいタスマニアへ渡ったとされるのは、銭五本人なのか、それとも彼の一族の者なのか。もし銭五自身がタスマニアに渡ったとしていたのなら、それはいつ、何の目的で、誰と、どのようなルートをたどったのか、また石碑は島内のどこに、どんな状態で置かれていたのか。

このミステリーの解明に挑んだ日本人女性がいる。日豪交流史に詳しいノンフィクション作家の遠藤雅子《えんどうまさこ》で、現地タスマニアに赴き、取材・調査したものを『幻の石碑』という一冊にまとめている。

同書によると、タスマニア島で銭五の石碑を発見したとされる軽業師《かるわざし》とは、オーストラリア人興行師P・W・ウィラードに雇われた「ジャパニーズ・ビレッジ」という総勢四〇人からなる一座のうちの数人で、その時期は明治二十（一八八七）年一月十二日であることを地元のマーキュリー紙の記事から確認できたとしている。ただし同紙は一座の公演について連日詳しく報じたが、石碑発見や碑文に刻まれた内容などについては一切触れていないという。

結論から言えば、彼女の懸命な追跡にもかかわらず、五兵衛のタスマニア渡航を裏付けるような決定的な新事実はついに出てこなかった。軽業師らが発見したという石碑もいずこかへ持ち去られ、所在が分からない以上、手掛かりは完全に失われたと言ってよい。

いったい「かしうぜにやごへいりょうち」というひらがな一三文字を、誰が、何のために彫ったのか、遠藤ならずとも知りたい謎解きだが、それが本の題名通り、「幻の石碑」になってしまったのは残念でならない。

とは言え、銭五とタスマニアとの接点がまったくなかったとも言い切れない。というのは幕末、日本近海には異国船が頻繁に出没し、その中には英領オーストラリアの捕鯨船も混じっていたからである。天保二（一八三一）年にはレディロウエナ号というオーストラリアの捕鯨船が北海道東岸の厚岸《あっけし》に現われ、上陸を試みて住民らと激しい戦闘を繰り広げている。

またそれから二〇年後の嘉永三（一八五〇）年、タスマニア島のホバート（現タスマニア州の州都）からイーモント号という捕鯨船がオホーツク海へ向けて出港している。同船は五月下旬、レディロウエナ号と同じように厚岸の沖合に達した時、強烈な台風に遭遇して暗礁に乗り上げ、操船が不能となった。その後近くの小島に漂着したイーモント号を浜の住民が発見し、船長以下三二名の乗組員の身柄を拘束した。通報を受けて駆けつけた幕府の役人らによって乗組員は松前まで護送され、さらに長崎を経てオランダ船でバタビア（現インドネシア）へ移送された。

こうしたことから銭五の船が、当時日本近海に頻繁に現われたオーストラリア（タスマニア）の捕鯨船と洋上で遭遇し、接触した可能性までも否定することはできない。

遠藤も前掲書のエピローグの中でこう述べている。

「結果として銭屋五兵衛のタスマニア渡航説を完全に決定づける証拠を盛り込むにはいたらなかったが、少なくとも開国前の両国が日本近海で、どのような活動を行い、どのような交流を持っていたか、日豪交流の曙時代の未知のページをわずかながら埋めることができた喜びは大きい」

このように銭五の海外密航説、海外雄飛説は壮大な男のロマンとしては興味をそそるが、どれも合理的に証明できる決め手に欠けていると言わざるを得ず、「伝説」とされるゆえんである。しかしなぜこれほど多くの密貿易説や密航説が流布されたのだろうか。

それは銭五の最期と無縁ではない。

銭五は晩年、金沢城下の北に広がる河北潟《かほくがた》を干拓する大土木工事を請け負うが、工事に着手して四年目の夏、湖の魚が大量に変死し、魚を口にした住民からも一〇人の死者が出るという騒ぎが起こる。すると銭五が湖に毒物を注入したという噂が流れ、本人は懸命に否認するものの、嘉永五(一八五二)年、一族は投獄され、家名断絶、財産没収の処分を受ける。二カ月後、銭五は持病を発症し、牢内で息を引き取る。享年八〇だった。

のちにこの河北潟事件の原因は湖の水の腐敗によるものと判明し、銭五一族の疑惑は晴れた。当時藩主からも一目置かれていた加賀の大成功者銭五を快く思わぬ藩内の一派が仕掛けた冤罪事件だったのである。

後世の人々は、銭五が罰せられたのは、河北潟毒物疑惑のためではなく、藩の上層部が密貿易を黙認していたことの発覚を恐れたためだとして、心ならずも獄死した銭五に同情した。むしろ国禁破りを覚悟のうえで、密貿易によって藩財政の立て直しに尽力しようとした銭五こそ功労者であると称賛した。

そして先見性のある銭五には世界の海で縦横に羽ばたいてほしかったという人々の願望が、いつしかタスマニア渡航を含め、数々の海外密航伝説という大ロマンに膨らんでいったのではと思われる。

事実は事実として解明する必要があろうが、その一方で、もし銭五の密航が誰にも迷惑をかけていなかったのであれば、木越隆三が言うように「密貿易説は銭五の夢、鎮魂《ちんこん》として残しておきたい課題である」という意見にわたしも与《くみ》したい。

女傑商人のインド、上海密航・大浦慶《おおうらけい》（インド・清）

巨万の富を築きながら、晩年は不幸な事件に巻き込まれ、財産をすべて失ったという意味で、長崎の女傑商人大浦慶の人生は銭屋五兵衛に似ている。だが決定的に違うのは、茶商としてのお慶は国内取引には一切関心を示さず、初めから海外輸出一本に照準を絞り、世界市場を相手にしていたことである。いかにも当時の国際貿易都市、長崎に生まれ育った者ならではのスケールの大きい発想である。

まず彼女の前半生から見てみよう。

お慶は文政十一（一八二八）年、長崎・油屋町《あぶらやまち》で油商を営む大浦佐平次《さへいじ》と佐恵《さえ》の娘として生まれる。大浦家は男児に恵まれなかったため、将来のお慶の夫とすべく婿養子を受け入れるが、慶の九歳の時に死亡する。

その後家業が傾き、さらに追い打ちをかけるように天保十四（一八四三）年十月、自宅周辺が大火に見舞われ、五〇〇戸以上が焼失する。大浦家もこの大火で大損害を受けるが、お慶は跡取り娘として気丈にも家の再興に立ち上がる。翌年、長崎へ蘭学修業に来ていた天草《あまくさ》の庄屋の息子幸次郎を婿養子に迎えることになったが、お慶はこの男に商売気のないことをたちまち見抜き、祝言から日を置かずに手切れ金を渡して離縁している。以後、お慶は再び結婚することなく商売に専心する一方、長崎の地に現われる諸藩の志士たちに対し、活動資金を提供してその活動を支援することに生きがいを見出したといわれる。

茶葉の輸出を決断

嘉永六（一八五三）年と言えば、アメリカのペリーが黒船で浦賀に、ロシアのプチャーチンが長崎に現われた年である。この頃お慶は家業再建のために親から引き継いだ油屋を茶商に切り替え、外国人貿易商と組んで日本茶の輸出を目論んでいた。現在でこそ欧米では紅茶が広く飲まれているが、十九世紀半ば頃は緑茶のほうが好まれており、それに着目したのである。

折しも当時、茶の世界的産地であった隣国中国は、アヘン戦争や太平天国の乱など相次ぐ戦乱によって生産量が大きく落ち込み、輸出量も激減していた。幸いお慶の住む長崎周辺には嬉野《うれしの》や八女《やめ》など、茶どころが控えており、今こそ日本茶を海外へ売り込む絶好のチャンスと考えた。

同年九月、お慶はオランダ語の通詞、品川藤十郎《しながわとうじゅうろう》の助言により、嬉野茶を上・中・下の三等級に分けてサンプルを作り、出島のオランダ商人テキストルに託してイギリス、アメリカ、アラビアの三カ国へ送ってもらい、その反応を確かめることにした。今で言うところのテストマーケティングである。

見本を送ってから三年後の安政三（一八五六）年八月、待ちに待った海の向こうからの注文が舞い込む。イギリス人商人ウィリアム・オルトがテキストルを通じて送った見本を持ってお慶のもとを訪れ、何と一二万斤（約七二トン）もの大量発注をしたのである。幸い単年度にこれだけの量を用意してくれという話ではなかったため救われたが、それにしても嬉野や八女だけで確保できる量ではないため、お慶は九州内の茶産地を片っ端から巡り、買い付けに奔走した。並々ならぬ行動力である。

三年後の安政六（一八五九）年、お慶が集めた茶は長崎から初めてアメリカへ向けて積み出されたが、この時の量は一万斤（約六万トン）がやっとであった。以後、残りの分も順次、船積みされていったが、当時日本茶の大消費地は何と言ってもアメリカやカナダなど北米であった。

女手一つでこれほど多額の商談をまとめ上げたことで、お慶の名は一気に広まり、やり手の女性茶商としての地位が築かれた。安政から慶応にかけての約一〇年間は大浦家にとってまさに黄金時代で、三〇代にしてお慶は巨万の富を手にするのであった。

彼女の密航伝説もこうした茶の輸出との関連で生まれている。

脚色されたお慶像

お慶の海外密航説を最初に広めたのは、明治、大正、昭和初期にかけて、政治家や講談師として活躍した伊藤痴遊《いとうちゆう》（本名井上仁太郎《いのうえにんたろう》）とされる。東京府会議員や衆議院議員を務めた痴遊は後年、講談を通して政治家の素顔や政界の裏話などを面白おかしく庶民に紹介し、また多くの著作を残した。そのうちの一冊が『政界表裏快談逸話』というもので、痴遊はこの中で政治家たちに混じってお慶を取り上げ、インドへの密航話を紹介している。

「二十一歳の時、茶箱に詰められて、印度へ渡った。公けに願って出ても、之（これ）は許される筈はないので、自分から進んで、密航を、企てたのであった。その目的は、美事（みごと）に達して、印度へ行ってから、数年過ごして、また帰って来た。
気が勝って居るとか、横着な気性だ、とかいふやうな、簡単な評語で、すまされぬのは、此一事であった。この時代は、外国へ密航したものは、初めから生命の無いのは、覚悟の上でなければならぬ。殊に密貿易は、国禁になって居て、之を犯すものは、本人は磔刑になって、一族にも罪が及ぶのである。堂々たる大名にして、その処分を、うけたものもある位で、幕府時代に、最もやかましかったものが密航と、密貿易であった」

痴遊はお慶と会ったことはなく、彼女の人物像については幕末の長崎に滞在した志士たちから聞いた話をまとめたとしているが、作家の本馬恭子《ほんまやすこ》はその内容に大いなる疑問を呈している。いや正確に言えば、痴遊の書いたものは、それこそ「講釈師、見てきたような嘘をつき」、そのものだと言うのである。

「伊藤痴遊は文辞に巧みで話術に長けた講談師であったかも知れないが、信憑性はきわめて低いとみなすべきである。『大浦のお慶』に描かれたお慶像もまた、大方が痴遊の講談的作り話であり、慶のいわば俗受けしやすい虚像にすぎないことを改めて指摘しておきたい」

（『大浦慶女伝ノート』本馬恭子著）

たしかに痴遊の描いた「お慶伝」は読み物としては面白い。インドへの密航話以外にも、一七歳の時に婿を迎えたが、気に入らず、祝言の翌日に追い出したとか、幕末に長崎へやってきた坂本龍馬、大隈重信、松方正義《まつかたまさよし》、陸奥宗光ら数多《あまた》の勤皇の志士たちを経済的に援助し、このうちわりない仲になったのは当時伊達小次郎と名乗っていた陸奥宗光だったとか、あるいはどんなに大金を彼らに貢いでも、それを回収しようとは考えず、いくら取られても後悔しない太っ腹の女性だったなどなど、今なら週刊誌やテレビのワイドショーが飛びつきそうなゴシップ類を列挙している。中でも繰り返し言及しているのはお慶の好色な一面である。その一部を原文で紹介する。

「(亭主と離縁してから）お慶は、是切りで、死ぬまで、本当の亭主は、持たなかった。けれども、亭主のようなものは、絶えず在《あ》って、それが、半歳とつづかず、入れ代わり、立ち替わり、幾人という限りもなく味わはれた男はあるが、亭主として、崇められたものは、只の一人もなかった」

「男好きの女であるから、一夜として、独り寝は出来なかった。代わる代わるに、男を雇い入れて、その色欲は、充たして居た。雇われて来る、男妾は、半歳とつづかず、弱い奴は、一と月位で、兜《かぶと》を脱ぐ、始末であった」

「お慶が、如何に大胆な女でも、まさか天下を、どうしようという、考えを有って居たのではなかろうが、浪人や志士に、小使いを与えて、それを一つの、楽しみにして居たのが、ちょっと風変わりで、面白い行き方である、と、私は、左様思って居るが、同時に、人の恐れる、浪人や志士を、片端から嘗めつくして、而かも、平気で居た、お慶の度胸と、淫力の強かったのには、また驚くの外はない」

おそらく痴遊はお慶の女傑ぶりを面白おかしく伝えようと、虚実巧みに織り交ぜ、膨ませたと思われる。現代なら痴遊はお慶から名誉棄損で訴えられてもおかしくない。だがのちに出版された（お慶もの）は多かれ、少なかれ、これに影響を受けているとみてよい。

前出の本馬が綿密な史料分析をもとに下した見解は痴遊の説とは真逆で、本当のお慶は心優しい女性であったとしている。

「旧来、慶が生涯独身であったことを以て、勝気な男まさりのために婿を追い出したなどと揶揄《やゆ》的に言いふらすむきがあったが、それは真実からはほど遠いであろうと思う。彼女が一生結婚をしなかったのは、亡き婚約者への追慕の念であると考えてよいのではなかろうか。そうだとすれば、彼女はまことに奥ゆかしく貞淑な女性としての一面を持っていたのである」

（『大浦慶女伝ノート』）

密航説の真偽

ではお慶がインドや上海へ密航したという話は事実なのであろうか。このうちインド密航説は、完全に後年の作り話といわれ、史実性にも欠けるため、研究者らの見方は否定的である。

これに対し、晩年に本人も認めたともいわれる上海密航はまだ真実味があるように思われ、小説に多く登場するのも、こちらのほうである。

長崎の郷土史研究家である増永驍《ますながたかし》は長編小説『大浦お慶　ながさき幕末ものがたり』の中で、お慶が上海密航を認める場面を次のように描いている。

時は、文久二（一八六二）年の正月半ばすぎ、お慶は長崎奉行、高橋美作守《たかはしみまさかのかみ》から奉行所へ出頭を求められる。お慶の上海密航の事実を摑んでいる高橋は幕府が近く千歳丸《せんざいまる》という船に諸藩の産物を積み、市場調査を兼ねて上海へ貿易視察団を派遣することになったことを伝え、お慶に現地情報の提供を求めるのである。


「『そこで、お慶。産物についてはどのような物が良いか？　上海に入港したら誰のところへ行けばよいか。お前の知り合いのエゲレス人や唐人を紹介して貰いたい。さらに上海の街の様子も教えて貰いたい』

『街の様子でしょうか？』

お慶は警戒した。

『そうだ。唐人やエゲレス人からも聞くことは出来る。だが日本人からも聞いて置きたい。上海の様子を詳しく知っている日本人はお前しかいない』

お慶は瞬間息を呑み緊張した。

長崎奉行は十三年前の密航を知っているのか。

高橋は一呼吸を置き、にやりと笑った。

『十三年前のことは既に国を開いたことでもあり、この度のことに尽力して貰えば不問とする』

お慶はホッとした。が、油断は出来ない。

『自分の口からは言い難くかろうし、聞き難くかろう。何せ国の法を犯したのじゃからな。何故、わしが知っているかと申せば、そちが乗った唐船の水夫が口にしたのを会所の頭役が聞いての。頭役は冗談でしょうと言うておったがな』」

正直に話したなら罪に問わないという証明が欲しいと言うお慶に、高橋は用意していた文書を取り出し、こう読み上げる。

「『油町住人、慶。この者儀、嘉永元年出国に及びたる儀、誠に不届きなれども安政六年以来、輸出に励み、又、千歳丸派遣に諸々、尽力すること大なるを持って出国の件、一切咎め無きこととするものなり。長崎奉行、高橋美作守和貫』

『恐れ入りました。この、お書き付けをいただくことが出来ますなら、不肖、女子の身ながら身命を賭け奉公致したいと存じます』」

この小説では、お慶が上海へ密航したのは、開国前の嘉永元（一八四八）年十月三十一日、唐人船に積み込まれる茶箱の中に身を隠して脱国し、半年ほど現地に滞在したあと、翌年五月十六日に帰国したことになっている。再入国の方法は、あらかじめ打合せしていた通り、唐船が長崎港外まで来た時、知り合いの地元漁師が小船で待ち受け、お慶を引き取るというもので、そのあとお慶は近くの船溜まりまで運ばれ、旅装束に姿を変えて陸路で長崎の自宅へ戻ったとしている。

また白石一郎《しらいしいちろう》の小説『天翔《あまか》ける女《ひと》』では、お慶が唐船の船底に積み込まれた椎茸の木箱に潜んで、長崎から脱国したことになっている。

「上海へのこの密航を実現するのにお慶は一年と数カ月を要していた。決心を固めて小曾根六左衛門に相談したとき、まったく相手にされなかった。密航は国禁の大罪である。それを思い立った以上、人をあてにすることは虫が良すぎた。どんな手立てがあろうかと、お慶は考えてみた。

唐人船に便乗するとすれば、積荷の箱に身をひそめるしかないことは、容易に知れる。問題は唐人に承諾させること、荷積みのさいに検査の眼を逃れることであろう。

長崎の古い習慣で唐人船に関する一切の管理は、宿町《やどまち》と附町《つけまち》にまかされていた。

この宿町と附町は長崎市中七十七の各町が番当たりに交替で任じられ、唐船の入港から出帆までいっさいの世話をやくのである。

各町の乙名《おとな》と組頭が荷揚げから荷積み、唐船の修理などすべてを請負う仕来りであった。

だから宿町の乙名や組頭の協力を得れば、密航はまんざら出来ぬ相談ではない。清三郎の密航は昨年の十月ごろらしい。調べてみると唐船は寧波《にんぽう》船で、宿町乙名は本博多町の高石次郎八である。

お慶は口実を設けて次郎八に接近し、半年以上もそれとなく交際を深めた上で、上海へ渡りたい決意をお慶は告げ、その節の助力を頼んだ。二度三度と頼むうちは取り合う素振りも見せなかった高石次郎八だが、一向にひるむ風もなく執拗に喰いさがるお慶に根負けし……」

二人の作家が巧みな筆遣いで描くお慶の上海密航話は、実にわくわくするようなストーリー展開で、ついつい魅き込まれてしまう。だがこれとてもインドへの密航同様に、決定的な証拠が残っているわけではなく、噂の域を出ない。とは言え、銭屋五兵衛の場合と同じく、仮に密航の事実がなかったとしても、わたしは幕末から明治にかけ、したたかに生きた女傑商人の一代記に華を添える逸話として、伝説として語り継いでほしいと願う。

その後のお慶

明治の世を迎えると、茶の輸出の中心は横浜へと移り、親しく支援していた志士たちも東京へ去ってしまうなど、お慶を取り巻く環境は一変し、心淋しい日々が続く。

そんな彼女に追い打ちをかけるような一大事件が起こる。明治四（一八七一）年のことである。彼女は知り合いの旧熊本藩士遠山一也から煙草の輸出事業に絡んで保証人になってほしいと依頼され、引き受ける。ところがそれはお慶の財力を見込んで仕組まれた巧妙な詐欺話であった。売買は成立せず、彼女は保証人として責任を問われ、現在の金額で三億円ともいわれる巨額の弁済を求められる。この事件によってお慶は、一代で築いた家財と信用をすべて失い、心に深い傷を負う。

しばらく失意の日々を送っていたお慶に、やがて名誉回復の日が訪れる。明治十二（一八七九）年六月、元アメリカ大統領ユリシーズ・グラント将軍が軍艦リッチモンド号で世界一周航海の途次、長崎に立ち寄った際、艦上パーティが催され、お慶は長崎県民の中で唯一の女性として招待される光栄に浴した。アメリカへの製茶輸出の功労に対するものだった。彼女が茶の輸出に尽力したことを海の向こうの人たちは覚えていたのである。

さらにそれから五年後の明治十七（一八八四）年春、東京から思いも寄らぬ朗報が当時病の床にいた彼女のもとへ舞込む。時の農商務大臣西郷従道《さいごうつぐみち》より、日本茶の輸出に大いなる功績があったとして、茶業振興功労褒賞と功労金二〇円を授与するという知らせである。遅ればせながら日本政府もお慶の偉業を公式に認めたのである。

この受賞はお慶にとって文字通り「冥土《めいど》の土産《みやげ》」となり、一週間後、静かに息を引き取った。享年五七。死後に判明したところでは、彼女は詐欺事件で背負ったすべての借財を完済していたという。最後まで商人としての意地を貫き通したのは、あっぱれと言うほかない。

おわりに

徳川幕府が倒れたのは薩長などの反幕勢力に比べ、政治的な権謀術数《けんぼうじゅっすう》や軍事力において劣っていたからとする見方があるが、それだけではない。総じて西国諸藩のほうが幕府やそれを支えた東国の佐幕派諸藩に比べ、海外情報の吸収に積極的で、時局を読む力においてまさっていたからである。

幕末、西日本各地には欧米の最新事情を学んでみたいという開明的な考えを抱く若者たちが多く現われ、組織（藩）としても、国禁に背くとは知りながら、これを積極的にバックアップして海外へ送り出そうとする土壌があった。

これに対し、東日本の諸藩には幕府への忠誠心や遠慮からか、あるいは太平ボケなのか、海外情報を貪欲に吸収し、それを生かすという意識が希薄であり、揺れ動く時代に対応する柔軟性、戦略性に欠けていた。

その意味で、長崎と地理的に近いという優位性を生かし、絶えず海外の最新知識や技術で武装した薩摩、長州、肥前佐賀など西南雄藩が時代の変革に向け、主導的な役割を果たしたのは当然の流れだったと言ってよい。まさに「明治は西から始まった」のである。

そして到来した新時代、学術修業を終えて帰国したかつての密航者たちはさまざまな分野で、それこそ「生きた機械」としてフル稼働し、近代国家建設の中核として活躍した。その意味で明治新政府の誕生後しばらくは、ひと足早く世界を見て来た密航経験者たちが時代の牽引者となったと言っても過言ではない。


それから一世紀半を経《へ》た今日、日本人にとって海外渡航を阻《はば》む障壁はなくなった。望めば誰でも自由に外国へ渡り、学び、働き、旅行することのできる時代である。ところが近年、わが国の若者の間には内向き志向が急速に浸透し、〝外へ出たがらない病〟が蔓延《まんえん》している。

たとえばアメリカへ留学する学生数一つをとっても、一九九四年から九八年まで日本は世界一位をキープしていたが、以後、減少に転じ、今やピーク時の半数以下にまで落ち込んでいる。I・I・E（アメリカ国際教育研究所）の調べによると、二〇一三～一四年度における日本人留学生は、約一万九三〇〇人で、国別の順位では第七位という。トップの中国人留学生数の実に一二分の一である。

減り続けている理由については、留学費用の高騰、家計の可処分所得の減少、就職活動へのハンディ、国内の研究レベルの上昇、国内にいても海外の学術情報が容易に入手可能な通信技術の進歩などが挙げられているが、最大の理由は、外国へ行って言葉や生活習慣の違いで苦労するより、国内での安定、安全、安穏とした暮らしを望む若者が増えたからではないかといわれている。

こうした風潮に危機感を募らせる国や一部の自治体では、大学教育において外国語の会話力を強化するための予算確保、留学する学生への奨学金の増額、留学経費の助成など海外留学促進への支援策を打ち出している。

またいくつかの大学では在学中に長期、短期を問わず、海外留学を義務付け、これを必修化するとしている。制度化しない限り、学生の内向き志向は解消せず、国際感覚も磨けないからだという。

周囲がここまでお膳立てをしなくては、現今の若者たちの間に海外へ飛び出して学んでみようという意欲が芽生えないのだろうか。

わたしは改めて長州ファイブの章でも紹介した井上勝の言葉を思い出す。

「空しく隔靴掻痒の嘆を抱く秋にあらず、寧ろ一躍外国に渡り、其物情を視察し、其技術を実習し、以て速に国家の急に応ず可き」

国内にいて悶々鬱々《もんもんうつうつ》としながら空しく日々を送るより、いっそ国禁を冒してでも外国へ行って見聞を広め、進んだ知識や技術を習得して帰国後、それを国のために役立てようと考えたのである。そこには知への強い渇望と高い志がうかがえる。当時二一歳の井上の言葉を同じ世代の現代の若者たちはどう受け止めるであろうか。

時代背景が違い過ぎると一笑に付すのは簡単だが、厳しい制約の下で熱き思いをたぎらせ、決死の覚悟で波濤万里を越えて行った当時の密航留学生たちの一途な行動から見習うべきものもあるのではと思う。

ノーベル物理学賞を受賞した小柴昌俊《こしばまさとし》博士もこう述べている。

「日本人は優秀だ。もっと自信を持てばいい。それには視野を広くしてもっと世界を見るという態度が必要だ。若いときに世界へ出て、外国人がどう暮らしているのか、何を考えているのか、見聞し、肌で感じることが大事。日本に籠っているような態度じゃダ

（『旧制高校　真のエリートのつくり方』喜多由浩著）

あるいは旅行であれ、仕事であれ、留学であれ、井の中の蛙《かわず》にならず、複眼思考を身に付けるために、国外へ出てみることの重要性を小柴博士は指摘しているのである。グローバル時代という言葉が叫ばれて久しいが、多様な価値観を理解し、自国を客観視できる日本人がますます求められている。

メですね」

参考文献

「倭館　鎖国時代の日本人町」田代和生著／文藝春秋／２００２
「日朝交易と対馬藩」田代和生著／創文社／２００７
「鎖国という外交」ロナルド・トビ著／小学館／２００８
「近世日本と東アジア」荒野泰典著／東京大学出版会／１９８８
「鎖国時代における密貿易の実態」板沢武雄記／「法政大学文学部紀要　ＮＯ７」所収／法政大学文学部編・発行／１９６２
「海外情報と九州」姫野順一編／「異国と九州」所収・地方史研究協議会編／雄山閣出版／１９９２
「海外情報と幕末の九州」向井晃著／「近代西洋文明との出会い」所収・杉本勲編／思文閣出版／１９８９
「近世の洋学と海外交渉」岩生成一編／巌南堂書店／１９７９
「トーマス・グラバーと倉場富三郎」志岐田隆重著／長崎新聞社／２０１２
「トマス・グラバーの生涯」マイケル・ガーデナ著／村里好俊・杉浦裕子共訳／岩波書店／２０１２
「トーマス・Ｂ・グラバー始末」内藤初穂著／アテネ書房／２００１
「象山全集」佐久間象山著・信濃教育会編／信濃毎日新聞／１９３４
「佐久間象山」奈良本辰也・左方郁子共著／清水書院／１９７５
「吉田松陰全集　第十巻」岩波書店編・発行／１９３９

「龍馬の影を生きた男　近藤長次郎」吉村淑甫著／宮帯出版社／2010
「密航留学生『長州ファイブ』を追って」宮地ゆう著／萩ものがたり／2005
「ますらおたちの旅」一坂太郎著／萩ものがたり／2006
「長州ファイブ物語」道迫真吾著／萩ものがたり／2010
「その後の長州五傑」松野浩二著／東洋図書出版／2011
「幕末期長州藩の海外留学生」三宅由紀子記／「山口地方史研究　第85号」所収・山口地方史学会／山口県／2001
「伊藤公直話」小松緑著／千倉書房／1936
「伊藤博文公年譜」春畝公追頌会編・発行／1942
「世外井上公傳」井上馨侯傳記編纂会／内外書籍／1933
「井上伯伝」中原邦平編述／マツノ書店／1994
「井上馨・開明的ナショナリズム」堀雅昭著／弦書房／2013
「井上勝」老川慶喜著／ミネルヴァ書房／2013
「子爵井上勝君小伝」村井正利編／井上子爵銅像建設同志会／1915
「山尾庸三伝―明治の工業立国の父」兼清正徳著／山尾庸三顕彰会／2003
「英仏横浜駐屯軍」洞富雄記／「国史大辞典」／吉川弘文館／1980
「横浜英仏駐屯軍と外国人居留地」横浜対外関係史研究会・横浜開港資料館共編／東京堂出版／1999

「幕末の開港港則」斎藤多喜夫記／「横浜開港資料館紀要22巻」所収／横浜開港資料館／2004
「上野景範氏略伝」寺島宗則編／「寺島宗則関係資料集」所収／寺島宗則研究会編／示人社／1987
「上野景範履歴」門田明他編／「研究年報　第11号」所収／鹿児島県立短期大学／1982
「咸臨丸搭乗者長尾幸作の生涯」佐志傳著／「史学・第三十六巻」所収・三田史学会／1963
「薩摩藩英国留学生」犬塚孝明著／中央公論社／1974
「五代友厚」真木洋三著／文藝春秋／1986
「士魂商才」佐江衆一著／新人物往来社／2004
「寺島宗則自叙年譜」寺島宗則著／「寺島宗則関係資料集」所収・寺島宗則研究会編／示人社／1987
「明治維新対外関係史研究」犬塚孝明著／吉川弘文館／1982
「密航留学生たちの明治維新」犬塚孝明著／日本放送出版協会／2001
「若き薩摩の群像―サツマ・スチューデントの生涯」門田明著／春苑堂出版／1991
「幕末佐賀藩の対外関係の研究」アンドリュー・コビング著／鍋島報效会／1994
「日本電信の祖　石丸安世」多久島澄子著／慧文社／2013
「西洋聞見録」村田文夫著／「明治文化全集　第十七巻　外国文化篇」所収／明治文化研究会編／日本評論社／1992
「『団々珍聞』『驥尾団子』がゆく」木本至著／白水社／1989
「仁礼景範航米日記」犬塚孝明著／「研究年報　第13号」所収／鹿児島県立短期大学／1985

「加賀藩海外留学生新考」今井一良記／「石川郷土史学会誌20号」所収／1987
「幕末維新期の米国留学」高木不二著／慶応義塾大学出版会／2015
「横井左平太と横井大平のアメリカ留学」杉井六郎記／「社会科学」所収／同志社大学人文科学研究所／1970
「明治維新とあるお雇い外国人―フルベッキの生涯」大橋昭夫・平野日出雄共著／新人物往来社／1988
「中井桜洲」屋敷茂雄著／幻冬舎ルネッサンス／2010
「幕末の海外留学生の記録」林竹二著／筑摩書房／1985
「土佐藩留学生異聞」永国淳哉著／土佐出版社／1989
「上海物語」丸山昇著／講談社／2004
「大村益次郎伝」木村紀八郎著／鳥影社／2010
「大村益次郎の生涯」木本至著／日本文華社／1976
「知られざる日本人八戸弘光について」陳捷記／「中国哲学研究第二十四号」所収／東京大学中国哲学研究会編／東京大学中国哲学研究会／2009
「後藤象二郎と近代日本」大橋昭夫著／三一書房／1993
「谷干城」松澤卓郎著／天佑書房／1942
「谷干城　憂国の明治人」小林和幸著／中央公論新社／2011
「長崎及上海行日誌」谷干城著／「谷干城遺稿」所収／日本史籍協会編／東京大学出版会／1995

参考文献

「曾我祐準自叙傳」坂口二郎編／曾我祐準自叙傳刊行会／1930
「陸奥宗光」安岡昭男著／清水書院／2012
「先駆者岸田吟香」杉山栄著／大空社／1993
「橘耕斎伝」中村喜和記／「一橋論叢　第六十三巻　第四号」所収／1970
「ペテルブルグからの黒船」大南勝彦著／角川書店／1979
「密航が生んだ基督者　新島襄」福本武久記／雑誌「歴史と人物」1984年3月号／中央公論社
「青木周蔵」水沢周著／日本エディタースクール出版部／1988
「銭屋五兵衛実伝」岩田以貞著／尚書堂／1887
「銭屋五兵衛と北前船の時代」木越隆三著／北國新聞社／2001
「銭屋五兵衛の研究」鏑木勢岐著／銭五顕彰会／1957
「北上して松前へ」ノリーン・ジョーンズ著／北條正司、松吉明子、エバン・クームズ訳／創風社出版／2012
「女丈夫　大浦慶伝」田川永吉著／文芸社／2010
「長崎商人伝　大浦お慶の生涯」小川内清孝著／商業界／2002

切りとり線

★読者のみなさまにお願い

この本をお読みになって、どんな感想をお持ちでしょうか。祥伝社のホームページから書評をお送りいただけたら、ありがたく存じます。今後の企画の参考にさせていただきます。また、次ページの原稿用紙を切り取り、左記まで郵送していただいても結構です。

お寄せいただいた書評は、ご了解のうえ新聞・雑誌などを通じて紹介させていただくこともあります。採用の場合は、特製図書カードを差しあげます。

なお、ご記入いただいたお名前、ご住所、ご連絡先等は、書評紹介の事前了解、謝礼のお届け以外の目的で利用することはありません。また、それらの情報を6カ月を越えて保管することもありません。

〒101-8701（お手紙は郵便番号だけで届きます）
祥伝社新書編集部
電話03（3265）2310
祥伝社ホームページ　http://www.shodensha.co.jp/bookreview/

★本書の購入動機（新聞名か雑誌名、あるいは○をつけてください）

＿＿＿＿新聞の広告を見て	＿＿＿＿誌の広告を見て	＿＿＿＿新聞の書評を見て	＿＿＿＿誌の書評を見て	書店で見かけて	知人のすすめで

★100字書評……明治を作った密航者たち

名前

住所

年齢

職業

熊田忠雄　くまだ・ただお

1948年、福島県生まれ。早稲田大学卒業後、1970年にニッポン放送入社。報道記者、報道部長、編成局長、取締役を経て、2005年に退社。以後、早い時期に世界各地へ飛び出した日本人の足跡や江戸・明治創業の老舗商店の屋号来歴、現在居住している東京・本郷の地域史などをテーマに執筆、講演活動を行なっている。
主な著書としては「街を綴る　本郷界隈」（私家版）、「そこに日本人がいた！海を渡ったご先祖様たち」（2007年）、「すごいぞ日本人！続・海を渡ったご先祖様たち」（2009年）、「拙者は食えん！サムライ洋食事始」（2011年）「世界は球の如し　日本人世界一周物語」（2013年）いずれも新潮社刊がある。

明治《めいじ》を作《つく》った密航者《みつこうしゃ》たち

熊田忠雄《くまだただお》

2016年2月10日　初版第1刷発行

発行者……………辻 浩明
発行所……………祥伝社《しょうでんしゃ》
〒101-8701　東京都千代田区神田神保町3-3
電話　03(3265)2081(販売部)
電話　03(3265)2310(編集部)
電話　03(3265)3622(業務部)
ホームページ　http://www.shodensha.co.jp/

装丁者……………盛川和洋
印刷所……………堀内印刷
製本所……………ナショナル製本

Printed in Japan　ISBN978-4-396-11455-8　C0221